マスコミ亡国論

日本はなぜ〝卑《いや》しい国〟になったのか

西部 邁

Nishibe Susumu

まえがき

西部《にしべ》　邁《すすむ》

マスコミが国を滅ぼすのではないかという見方、つまりマスコミ亡国論は別に新しいものではない。

ジャーナリストとして稀《まれ》な天分を有していたムッソリーニは、大衆的な新聞を梃《てこ》にしつつ、イタリア全土を全体主義的言説をめぐる巨大な劇場と化した。ヒットラーおよびゲッベルスも、大衆的なメディアとして普及しつつあったラジオをより有効に用いながら、ドイツ全土に全体主義の牢獄を建設した。

軍国主義日本がマスコミの追随および煽動《せんどう》の下に成立したことはわざわざ言及するまでもないであろう。そしてスターリン、毛沢東の全体主義もマスコミにたいする国家支配を必須の条件としていたのであった。

第二次世界大戦後の自由民主主義圏においても、マスコミは、いわば慢性病のようにして、ほかならぬ自由主義と民主主義を腐蝕《ふしょく》させてきた。つまり自由がいいたい放題やりたい放題の放縦放埓《ほうしょうほうらつ》に流されるに当たって、また民主が愚昧《ぐまい》な世論による専制と悪平等へ堕《お》ちるにさいして、マスコミにおけるコマーシャリズム、センセーショナリズムおよびスキャンダリズムの果たしてきた役割には絶大なものがある。

欧米でマス（大衆）というと、そこに凡庸《ぼんよう》や愚劣や低俗といった含意《がんい》が強く漂うのであるが、そうした悪《あ》しき意味において、マスコミはまさに大衆伝達に転落している。とくに日本にあっては、敗戦後の精神的空虚のなかに輸入も同然のかたちで持ち込まれた自由民主であったために、またそれが階級的な社会秩序と宗教的な価値秩序を著《いちじる》しく欠くのを特徴とする日本の文化パターンにうまく適合したために、秩序なき自由と抑制なき民主が純粋培養されたのであった。あっさりいうと、「平和と民主主義」あるいは「進歩とヒューマニズム」といったような自由民主の路線に寄り添う言辞を適宜《てきぎ》にばらまいているかぎり、マスコミにはあらゆることが許されてきたのである。

もちろん、マスコミによる亡国への勾配《こうばい》がきちんと測定されているなら、マスコミの堕落や横暴など大した問題ではない。それどころか、退廃を楽しむのも人間の一つの可能性なのであってみれば、マスコミの紊乱《びんらん》それ自体が一種の大衆娯楽を提供してくれているのだと評価することもできる。

しかし事態は、この世紀末にあって、一段と惨《みじ》めになっている。情報化社会に生きる大人ならば常識もしくは教養の一部として当然身につけていなければならぬマスコミ亡国論を、ほとんどの大人が忘却あるいは放擲《ほうてき》してしまった。人々がマスコミとの距離を測り損ねたのではない。人間がマスコミによって形成されるようになったのである。マスコミに唱和する能力、それが人間性の証しであるかのようにみなされつつある。

要するに危機が危機として認識されないのが最大の危機なのだ。マスコミ亡国の危機を忘れ去って、すすんでその亡国の轍《わだち》にはまっていく人々の姿こそ真に亡国の兆《きざ》しだというべきであろう。

全体主義の時代においては、一頭の犬（総統）のうしろに羊群（大衆）が従っていた。今は違う。マスコミに羊群を率いる犬のような指導力はありはしない。

マスコミは人々の意見や行動のうちの最も皮相的で最も卑俗な部分を拡大鏡に映すようなやり方で描出《びょうしゅつ》し、人々はその拡大された、しかし薄っぺらな、自画像に過剰適応して自分らの意見や行動をさらに露骨に表現しようとする。このマスコミと人々のあいだの相乗作用の連関こそ「マスコミ世論」とよばれるものにほかならない。

この連関をときほぐし、犬のものでも羊のものでもない生き方を、つまり人間の生き方を、人々の意識や感覚の深奥に横たわっている別種の意見や行動を探り当てることをつうじて、ということはマスコミ世論のなかに映し出された自画像にたいする人々の自己嫌悪にも光を当てることをつうじて、指し示すのは今までは知識人の仕事であった。というより、そういう仕事にたずさわるものに知識人の呼称が与えられていた。

それゆえ、マスコミ世論のまかりとおる時代とは知識人が消滅する時代のことである。自分たちはただ物陰に隠れているだけだと自称知識人はいうかもしれないが、マスコミ世論に抗する勇気と才覚をもっているのも知識人たることの要件なのである。

したがって、大衆伝達を媒介にして大衆社会が完成の域《いき》に達した観のある現代にあっては、知識人のほとんどすべてが、マスコミ世論のうちにふかぶかと飲み込まれたとみてよいのである。

その意味で擬似《ぎじ》知識人しか産出しないという強い傾向が現代にはある。またそれに呼応して現代の大衆は、大衆伝達、大衆教育および大衆生産・消費などを経験することによって、擬似知識人になりおおせているわけである。

知識人と大衆とが互いに歩み寄って擬似的な言動の世界をかたちづくる、その結果がマスコミ世論である。この点に注目すれば、いわゆる「二段階のコミュニケーション」というのは昔日《せきじつ》のものだとわかる。つまり、オピニオンリーダーがマスコミュニケーションの場において意見を公表して、それが次に様々のパーソナルコミュニケーションの網目をつうじて人々のあいだに修正されつつ拡散していく、という二段階の過程は現代では縮小されてもいるし歪曲《わいきょく》されてもいる。

なぜならマスコミ世論に現われる意見はすでに指導者のものではないからである。論理を欠いた意見や責任をとろうとしない意見を吐くものは指導者ではありえない。俗受けだけを狙った感情論や刺激のみを求めるムード論をまきちらすのをオピニオンリーダーとよぶわけにはいかない。また、テレビが家庭のなかに突き刺さり、赤新聞や黄雑誌が人々の個人的な生活圏のなかに喰い入るようになるにつれ、パーソナルコミュニケーションの場そのものが解体させられてきたのである。

マスコミ世論の勝利は現代がいかに無秩序にさらされているかということの端的なしるしである。価値、規範、規則、慣習といった社会秩序の構成因が大幅に揺らぐという状況のなかからマスコミ世論がリバイアサンめいた巨姿を現わしたのだ。

そして、無秩序の落とし子ともいうべきマスコミ世論が新たな秩序となる、これが現代の逆説である。コマーシャリズム、センセーショナリズムあるいはスキャンダリズムを秩序の形成原理とするという前代未聞の方法が、いや前代にも類例をたくさんみることができるがけっして主要な原理にまで昇格することのなかった方法が、現代の隅々にまで普及したのである。

いうまでもないことだが、秩序破壊それ自体を秩序とするというのは一個の矛盾であり、そんな秩序原理の持続力はたかが知れている。で、その持続性を保つために、マスコミ世論はあるタブーを守ることにした。

それは一切を自由および民主の名において語ることである。自由・民主という言葉およびそれに付随する平和、平等、福祉、人権といった類《たぐ》いの言葉を遣《つか》ってコマース、センセーションそしてスキャンダルの成果を挙げるのがマスコミ世論の伝統である。逆説的な言い方をすると、マスコミはそういう「伝統の発明」を行なったわけである。

それらの言葉にどれほど多くの欺瞞《ぎまん》と偽善が含まれていようとも、それらが事実・正義を表わす言葉だと装《よそお》うかぎりにおいて、そしてその装いを剥《は》ぐものを排除するかぎりにおいて、マスコミ世論はおのれが秩序の主要な形成原理であり続けることができるとふんだのだ。

こうした方法は、むろん言葉にたいする、とくに言葉によって運ばれる意味というものにたいする、甚《はなは》だしい破壊をもたらさずにはいない。言葉の大量伝達のかげで言葉の大量殺戮《さつりく》が行なわれている、これがマスコミ世論の実相である。

より正確にいうと、マスコミ世論においては、決まり文句の多用というかたちでの量的多弁症に並行して、言葉の意味の衰弱というかたちでの質的な失語症が進行している。

本文でいささか詳しく述べるように、この量的多弁症と質的失語症のあいだの不均衡が、稀な水準にまで広がったのが、日本についていえば、昭和の末年から平成の元年にかけてであった。そして残念ながら、そうだったということを確認することすらまだ行なわれてはいない。

人間は言語的動物だったということを誰しもがいう。哲学・思想の方面においても、ここ一世紀間にわたる最重要のテーマは、言語的動物としての人間が自己における言語のはたらきをいかに解釈するかという点に集中していた。それにもかかわらず、現代における言語の最大の担い手であるマスコミのことについて、私たちはその解釈作業を怠ったままでいる。

のみならず、マスコミに迎合し、マスコミに適応し、マスコミに同化するのを健全な生き方とみなすような病理に罹《かか》り、しかもそれが恥ずかしい病いであることを自覚できないでいる。いや、ようやくにしてそのことを自覚しつつあるのだが、その自覚を現代文明にかんする一貫した解釈にまで高めようとする営みはまだ緒《ちょ》についたばかりである。だから、マスコミ世論にたいする実践的な闘いの狼煙《のろし》などどこにも挙がっていない有様である。

情報化のなかで言葉の無意味化が進展し、技術化のなかで行動の愚昧化が進捗《しんちょく》する、これはまさに進歩という名の退歩である。こうした退歩をもたらした元凶は、私のみるところ、マスコミ世論である。

厳密にいえば、言論人の端《はし》くれとして、私もまた我知らず従犯の役を担っていたといえなくもないという忸怩《じくじ》たる気持ちをあえて追い払い、マスコミ世論の醜状を私なりに指摘させてもらう。

マスコミ亡国論　目次

《2》マスコミにはびこる偽装民主主義 ……59

取るに足らないちっぽけな事件
国民の利益に沿うものを、なぜ叩く
すべてを巨悪として裁く傲慢《ごうまん》さ
けじめが必要なのはマスコミの方だ
「寛容と忍耐」の意味を理解できない日本人
なぜ日本人は自分たちの頭の心配をしようとしないのか
騒ぎを煽《あお》り立てるのが「社会の木鐸《ぼくたく》」「言論の公器」の役目なのか
なぜマスコミの途方もない馬鹿騒ぎが何度も繰り返されるのか
日本人の文化的退行を端的に示した罪
のぞき見趣味を正当化するために動員された民主主義や平等主義
日本人に擬態民主主義を植えつけた日教組教育
マスコミを幾重にもおおう紋切型の文体
歪曲し堕落した世論調査の惨状

《3》個人主義の大ウソ ……111

装幀・本文デザイン　塚田男女雄（ツカダデザイン）

《1》苛立ち始めた日本人

世界が未来を切り開こうとしているとき、過去への退却をはじめた日本人

昭和の末年から平成の初年という年号の変換点において、日本社会は時代の様相を大きく変えた。そして転換の過程にあったこの一年あまりのあいだ様々に演じられた騒ぎは、基本的には馬鹿騒ぎとしかいいようのないものであった。

つまり、馬鹿騒ぎが社会の表面に公然かつ広範に、しかも連続的に、現出してくるということこそが新たな時代特性であるかのようにみえる始末である。むろんこれは、転換期に特有の混乱であり動揺なのであろう。転換期には、新たな方向と新たな定型を求めて、いっとき、無方向と無定型の運動が爆発する。「馬鹿騒ぎ」はこうした暫時の現象にすぎないのかもしれない。

しかしそれにしても、この間の馬鹿騒ぎは前代未聞の深刻に達したのであり、その深刻ぶりにはやはり世紀末の気配がつきまとっているといってよい。その意味では、馬鹿騒ぎはそれ自体として分析し判断するに値する事柄なのである。

しかもこの騒ぎを率先したのは知識や言論にたずさわる人々であったのであり、そして国民の多くがそれにやすやすと追随したのであった。となると、これは日本の知

「悪平等」

わたしは、才能や素質などということばまでが、平等という名において「差別用語」として抹殺される日がくることをおそれる。

識・言論の水準にかかわることであり、それゆえ日本文化の将来の可能性にかんする悲観材料である。単に転換期の混乱といってすますことのできないような退廃を含むかたちで、「馬鹿騒ぎ」が今も進行中なのだ。世紀末なり新世紀なりを目前にして忌々しき事態が垣間みえているといわなければならない。

まず、なぜ昭和から平成への転換点においてこうした騒ぎが起こったのかを考えなければならない。

ヨーロッパにおいてはECの統合やソ連・東欧の「ペレストロイカ」をはじめとする未曾有の社会変革が進んでいる。そして天安門事件・ベトナム難民と数えていけばユーラシア大陸がまさに燃え上がっているとわかる。そしてアメリカは、貿易と財政における「双子の赤字」に端的に示されているように、世界へのヘゲモニーを喪失するほどに、国力を衰微させつつある。つまり世界の至るところで地殻変動がはじまっているのだ。

ところが、この地殻変動とは無縁なところで、あたかも日本が世界のヘソのゴマでもあるかのように、昭和から平成への転換は馬鹿騒ぎの一色に塗りつぶされたのである。世界が実質的な苦悩に放り込まれている最中に、日本はまるで能天気に馬鹿騒ぎを楽しんでいる。このコントラストはあまりに奇妙というしかない。

「大きな社会」

村におけるように皆知り合いというのではなく、かかわりがあっても皆他人、といった冷たい社会で、それはルールによってしか始末をつけられない。

戦後日本は、四十五年をへて、精神的には暗礁《あんしょう》に乗り上げている。思想的・イデオロギー的に戦後の観念体系を再検討しなければならない時期に至っている。

だが、昭和天皇の崩御という時代の節目にあって、人々は戦後にたいする再検討という課題に挑戦するのではなく、逆に過去へ退行して戦後的観念のうちに自閉しよう、そうすることによって過去を再検討するという課題を忘れよう、という集団心理に陥った。フロイド心理学でいうところのリグレッションである。リグレッションとは退行現象のことであり、いっぱしの大人が母親の胸に抱かれてまどろむというような精神状態に引き返すことである。世界が良かれ悪しかれ未来に向かって時代を切り開いているとき、日本は過去への退却を演じたわけである。

保守派知識人もポストモダニストも本質的には異ならない

敗戦のあと、進歩主義やら平和主義やらを伴いつつ前進しきたった民主主義的な観念は、もともと、アメリカで理想的な民主主義を実現しようとした一九三〇年代のいわゆるニューディーラーたちが、自国で果たせなかった夢を日本に持ち込んだものであった。そして、ニューディーラーたちが占領業務のなかでその場しのぎに語った夢

「大人の偽善」

他人のいかがわしさにたいして寛容であればあるほど、人間は他人と行儀のよい知的な関係を結べるというはなし。

の最たるもの、それが日本国憲法である。この憲法に代表されるニューディーラーたちの理想主義の前に拝跪《はいき》するところから、戦後の民主主義ははじまったのである。

たしかに戦後民主主義は、六〇年代の半ばまでは、ある種の切実さをもって、人々を、とくにインテリ層をとらえていた。しかし、そうした戦後的観念が次第に色あせるのもまた不可避であった。

六〇年代後半から七〇年代にかけ、いわゆる進歩的文化人の言論は表舞台から退き、それに代わってビジネスエコノミストを含む保守派知識人が台頭してくる。彼らはそれまでの理想主義にたいして現実主義を対置しつつ、ビジネスを中心とする経済大国日本のために様々な分析や処方を呈示しはじめたのである。しかし、言論の舞台における政権後退はおおよそみせかけのものにとどまっていた。つまり保守派知識人の思想もまた、薄められたかたちであるにせよ戦後民主主義の観念の枠のうちに収まるものにすぎなかったということである。

なぜなら、保守派知識人が保守しようとしたのは日本のビジネス体制なのであり、それのなしたことはといえば、（物質的な）豊かさを（社会的に）平等にばらまいたということなのである。つまり、より豊かであれば、より平等であれば、それでよいという価値観に浸っているという意味において、現代日本は、それをビジネス社会と

「過剰反応」

心的理由における適応不能の一つ。つまりノイローゼ。

よぶにせよ、情報社会とよぶにせよ、戦後民主主義の延長線上にあるのだ。

そしていうまでもなく、平和主義、進歩主義あるいはヒューマニズムとよばれているものの一切を疑うことなしに受容しているのが現代日本である。そういう日本の現状を擁護し弁護するのが保守派であるという以上、彼らもまた戦後的な観念枠の内部に生息する人々だということになる。

もちろん、あちらこちらでこうした観念枠を越え出ようとする思想的な企てが繰り広げられはしたのだが、それが明確な時代精神に結実するようなことはなかったのである。

たとえば一九八〇年代に入り、戦後的観念への虚無感を表明する動きが少しずつ顕在化してきた。ポストモダニズムの思想がそれである。

ポストモダニストたちは平等・平和・進歩・福祉といったような薄っぺらな観念にはさすがに迎合しなかった。その意味では彼らはポスト戦後であった。しかし、彼らもヒューマニズムだけは拒否しなかったのである。正確にいうと、ヒューマニズムに属する型通りの言辞を拒絶しはしたものの、その代わりに、ヒューマンビーイングに内在する型破りの能力を解き放とうとした、それがポストモダンのやり方である。

人間には、言語的さらには記号的に多様な変化を果てしなく生み出す能力がある。

「価値相対主義」

どんな価値もそれなりにいい分があるというわけであるから、何をやってよいか結局わからなくなる。

この能力に期待をかけ、次々と新しい差異、変化、もじり、揺らぎを作り出そう、これがポストモダンの姿勢である。いずれにしても、人間に内在する欲望、衝動を全的に肯定するという点では、彼らはエゴセントリックつまり自己中心的である。そしてそれが人間中心という意味でのヒューマニズムと合致する。ポストモダニストたちが、高尚めかした思想論議から離れて、世俗の現象にまで言及するとき、にわかに戦後民主主義と区別のつかない言葉遣いに走るのはそのためである。

のみならず、ポストモダンのビジネス体制ともよく適合するのである。つまりビジネス体制は、次々と新しいイノベーション（革新）を作り出すことをみずからの生命力としているのであり、その革新の生命力とポストモダンの唱える記号の生命力とが呼応して協力関係を結んでいく。

こうした次第で、八〇年代もまた戦後の観念枠から決定的に離れることができないまま九〇年代に入ったわけだ。「戦後」は次第にその内実を希薄にしながらも、頑固にその枠組を守り通してきたというのが、この四十五年間の経緯なのであった。

「感情論」

感情は、生きるものの業である本能にそって横溢する。これをもって人間の言語にとって代えようとするのは愚者の試みである。

世界に抜きん出た聡明な日本人が落ちこぼれになる最大の理由

とはいえ、戦後思想の展開がポストモダニズムまでくれば、ポスト戦後のことを多かれ少なかれ展望せざるをえない。そこにたまたま、長きにわたった昭和の時代がいよいよもって終結を迎えようという状況が加わった一九八八年〜八九年にかけて、少なくとも傾きとしていえば、戦後体制からテイクオフしつつあったのである。そのことを多くの日本人が意識的にせよ無意識的にせよ察知したに違いない。

しかし「戦後」からの離陸にとりかかるのは日本人にとって極度に難しいことであった。半世紀近くにわたって、戦後的観念を疑うような言論そして世論は、皆無とはいわないまでも、あくまで少数派のものにすぎなかった。そのため、戦後民主主義という名の滑走路から飛び立つべく操縦桿を引くような思想の力はまだ備わっていなかったのである。

そこでリグレッションの病理がはじまった。戦後的観念の古ダンスから民主主義的言辞の古証文を引き出し、そこに書かれている文言を読み返すというかたちで、マスコミ世論つまり「マスコミによって誘導・煽動される世論」の馬鹿騒ぎが広がったわけである。

次に、マスコミの仕掛ける馬鹿騒ぎに一億こぞって巻き込まれてしまうほど、日本人は衆愚の集まりであったのか、という問題が浮かんでくる。

表面的にいえば、日本人の大半はまさしく衆愚の群れとして振舞ったのだといわざるをえない。しかし、日本国民は生まれつきいかんともしがたく衆愚である、などというのは何の根拠もない誤ったテーゼである。それどころか日本人は、戦後に与えられた環境条件のなかで、少なくとも実際的なレベルでは、つまり技術的な点では、おそらく最善の努力を払ってみずからの国家を作ってきたし、みずからを取り巻く国際関係をうまく取り仕切ってきたのである。だからこそ日本は世界に冠たる物資的豊裕と社会的平等を達成しえたのだ。

このことに注目すれば、日本人は世界に抜きん出た利口さ、聡明さをもっているといって、けっして過言ではない。

こうした利口で聡明な国民がかくも惨《みじ》めな世論状況をさらしてしまっているのはなぜなのか、それこそが問題である。世界史の壮大で深刻なドラマが展開されようとしているまさにそのときに、なぜ日本だけが世界史の進行から落ちこぼれて退行現象を露呈し、つまらぬマスコミ世論の騒ぎに明け暮れしたのか。その最大の理由は次のよ

「完全可能性」

人間は完全なる境地へたどりつけるとする可能性があるとする見方。自己に完全を見とるとは何たる不完全な境地であることか。

うなことであろうと私は思う。

日本人もまた西欧人そしてアメリカ人がかつて経験した「近代のパラドックス」にはまったのであり、そしてこのパラドックスはまさに戦後日本の達成「豊かさと等しさ」の価値をめぐるものであった。

人間にとって豊かさが価値であるのは人間が貧しいあいだにかぎられる。豊かさが日常平板な現実となりおおせてしまうと、その豊かさがかえって退屈や苛立ちの種になってしまう。これが「豊かさの逆説」である。

「等しさのパラドックス」も同様で、平等が人間にとって価値であるのはわれわれが激しい抑圧とか著しい格差に打ちひしがれ喘いでいるあいだだけであって、日常茶飯に右も左も似たり寄ったりになってしまうと、その平等がかえって退屈や苛立ちの種になる。

これらはギリシャの昔から発見されていたパラドックスである。ヨーロッパ人たちはおそらく十九世紀の後半にはそのことに気づきはじめていた。

豊かさのなかで退屈し平等のなかで苛立ちはじめた日本人

一例を挙げると、イギリスの場合、世界の工場となったのが十九世紀半ばである。そうした産業主義的な気運のクライマックスにおいて、それと踵を接するようにして、反産業主義な動きが高まり出した。工業の発展に拍車をかけつづけて、カネだ技術だと走りまくるのはもういやだという反産業主義の気分が、政治家から一般庶民に至るまで、浸透しはじめたのである。

民主主義についても同じであって、平等を求める運動をおいかけるようにして、伝統社会や階級社会の諸要素を温存させるような動きがみられた。イギリスにかぎらずヨーロッパでは、近代が頂上に達すると同時に、その近代にブレーキをかけようとした。

自動車で比喩《ひゆ》すれば、アクセルとブレーキの両方を備えた上で近代の運転に取り組んだということである。どうしてブレーキをかけざるをえなかったかというと、件《くだん》のパラドックスに気づいたからである。産業の生み出す豊かさ、あるいは民主主義の生み出す平等、これをのべつまくなしにひたすらに追いつづけていると、最初は幸福に思われたものがついに不幸の因となる。この逆説に気づき、それゆえ産業化の進展や民主化の進展のみを追い求めるのはよそうということになっていった。

このように近代にたいしてブレーキをかける作業が蓄積された結果として、ヨー

「記号」

男女の差異が単なる記号なら、母親を娼婦として扱うことさえ可能であろう。

ロッパ独特の落着きや静寂がもたらされたのではないだろうか。ヨーロッパが今もなお「歴史」を観念においてのみならず生活の上でも大事にするのは、歴史のなかに「近代」を相対化しようとしてのことである。

アメリカは歴史の乏しい国であるから、そういうブレーキ作業がかならずしもうまくいかなかった。しかし、やはりヨーロッパ的精神の余波のせいもあって、アメリカも「近代の逆説」に無関心ではおれなかった。また、その種の関心を払わずにはおれないほどに、アメリカの近代化が急激に進捗《しんちょく》しもしたのである。

たとえば、戦後十年をへた一九五〇年代の中期、アメリカは世界に冠たる趣きでインダストリーとデモクラシーの繁栄を謳歌していたわけだが、その繁栄のただなかでアメリカ社会からドロップアウトする人々が目立ちはじめ、アウトサイダーの観念がもてはやされるようになったのである。

産業社会の過剰性と民主社会の画一性にはもう飽きがきたという雰囲気を担ってビートニクが登場する。ノーマン・メイラーによって代表されるようなアウトサイダーの気分で生きる人々が繁栄の絶頂のなかから生まれてくる。こういう事態をアメリカはとうに経験しているのである。

もちろんアメリカには人種や戦争にかかわる複雑な要因が絡《から》み合うので、近代化の頓挫《とんざ》を単線的に「近代の逆説」のみによって、理解することはできない。しかしそれ以後もヒッピーの麻薬文化などといったかたちで繁栄の対立物が生み落とされてきたのは確かな事実である。

日本人もアメリカからは一回り遅れ、ヨーロッパからは二回り遅れで、八〇年代にようやくこのパラドックスに落ち込んだのではないだろうか。

あっさりいえば、日本人は豊かさのなかで退屈し、平等のなかで苛立ちはじめたのである。そして退屈しのぎと苛立ちまぎれの集団心理に駆られて、マスコミの仕掛ける馬鹿騒ぎに付き合ってしまったのだ。

「退屈しのぎと苛立ちまぎれ」に身をあずけるというのは相当にニヒルな集団心理ではある。もしも日本人がそれぞれ何らか切実な私生活上の課題あるいは集団運営上の課題を背負っていたならば、このような馬鹿騒ぎにこうまで深入りすることはなかったに違いない。しかし個人としても集団としても切実な課題というものを失いはじめていたという背景にあっては、マスコミ世論の馬鹿騒ぎが盛り上がらずにはおれなかったのだ。

少々具体的にこの一年半を振り返ってみれば、マスコミ世論が途方もないかたちで紊乱《びんらん》をみせつけたことがすぐあきらかになる。大小取り混ぜた馬鹿騒ぎの連鎖を追っ

「記号処理」

戦争体験からリクルート事件に至るまで「風化を許すな」という言葉だけが風のようにつむじを巻く状況。

てみよう。

戦後的な価値がまさに適用された「自衛艦衝突事件」報道

一九八八年七月、「なだしお・第一富士丸の衝突事件」が起こった。

ここですでに、マスコミ世論のルールはずれは顕著であった。たとえば海に溺れていたある女性は、自分が助けを求めたのに自衛隊員は助けてくれなかった、と新聞記者に語った。あとでそれが捏造だとわかった。そのことについて訂正なり謝罪なりをきちんと行ったマスコミは私の知るかぎり皆無である。

しかし、そういう報道の技術論にもまして重要なのは、「なだしお事件」を解釈するに当たってのマスコミの思想的な視角の問題である。つまり、「なだしお報道」が、全体として、国家の権力装置ないし暴力装置である軍隊が善良な民間人の釣船を沈めた、という構図で彩られていたということである。

とくに大マスコミでは、次のような当然あるべき解釈がまったく示されなかった。

国を守る軍隊と魚釣りをして遊ぶ船の双方にそれぞれの目的があり、双方の行動にそれぞれの効用があるのはもちろんのことである。しかし、物事には軽重の差があろうというものであって、やはり国を守る軍隊の仕事の方が魚釣りの遊びよりも価値として重要だとしなければ、社会の秩序が成り立たない。

こういう認識が一連の報道のなかでは完全に欠如していた。釣船よりも軍艦の方に航行上の優先権が与えられるべきではないか、少なくともそうかもしれないということについて考えてみよう、というような意見は大マスコミからは出てこなかったのである。

これについては二つの解釈がありうる。

一つは、価値相対主義という現代思想の基本姿勢のことである。あらゆる価値は互いに五分五分のウエイトをもって存在する、それゆえ国を守るのと魚を釣るのとのどちらが重いかなどは論じないとする考え方である。マスコミは、おそらく無自覚のままに、こうした価値判断におけるニヒリズムの立場に傾いていたものと思われる。

さらにマスコミが引きずっているのはやはり戦後的観念である。国家は悪であり権力も悪であり、それらを防衛しようとする軍隊もまた悪であるという種類の価値判断をこれまたおおよそ無自覚のままに肯定しているのが現在のマスコミである。つまり力という悪が善良な市民の楽しみを妨害したのみならず、弱い市民を死に追いやったという見方である。こういう価値的な構図の下に「なだしお事件」は描写されたので

「記号の支配」

たとえば、腹が減ったからではなく、十二時になったからメシを食う、という時間という記号から受ける支配。

あった。まさしく戦後的価値の適用といえる。

戦後の観念を再検討すべきときに、そのなかに閉じこもったマスコミ

私は、報道にたずさわっている人々がそういう古い価値観を固く信じて反自衛隊のキャンペーンをはったのだとは考えない。彼らとて、きちんと議論すれば、軍隊の方が釣船よりも重要な仕事をしているということについて、また軍隊の存在を悪と決めつけることなどできない相談だということについて、同意するのである。

しかし、戦後的な観念枠に収まるかたちで記事を書いていれば、それが右から左へと流通し消費されるであろうことを、彼らは知っている。

そういうことが戦後ずっと繰り返されてきたため、戦後的な観念枠組のなかで情報を生産し情報を流通させるのが彼らの習わしになっているのだ。また、その習わしに上達すればするほど彼らの記事は世間から高い評価を受けることができる。つまり戦後的な観念枠がすでに因襲《いんしゅう》のシステムになりおおせているわけである。

本来論じられるべきであったのは次のような事柄であろう。

日本国憲法第九条では軍備をもってはいけないことになっている。そうである以上、

自衛隊はあきらかに憲法違反の存在である。しかし軍隊をもたざるをえないのが日本を取り巻く国際環境である。この憲法的規範と現実的要請のあいだの乖離《かいり》、それこそが、軍隊に航行上の優先権を与えるような海上法規を日本人が戦後四十五年たっても作ることができないままでいることの原因である。文明国ならば、軍艦と民間船が遭遇したときに軍艦に航行上の優先権があるということを定めた法規をもっているはずである。日本だけが稀な例外としてそれをもっていない。どうしてこんな例外的な状況のなかに日本は陥っているのか、ということを議論しはじめれば、それは憲法論にもなったであろうし軍隊論にもなりえた。

しかしそうしたことに一切触れないまま、自衛隊にたいする感情的批判を濃厚に漂わしたかたちでの「なだしお報道」がなされたのである。

八八年七月といえば、そろそろ昭和の時代が終わるであろうという予想がひそかに抱かれはじめたときである。それは、戦後昭和の観念枠を、学者であれ記者であれ、政治家であれ庶民であれ、それぞれの言葉で再検討しなければいけない時期であった。そのときにマスコミは、この衝突事件にかんする報道をつうじて、自分たちは戦後的な観念のうちに閉じこもるのだと宣言したのである。

国家は悪であり軍隊は悪である、これらの悪によって人民は傷つけられ抑圧されて

「儀式」

新しきは古きをもって開かれるとするならば、古きを儀式化する以外に、われわれは未来を開く英知をほかにどうしてもてようか。

いる、といったような五〇年代まで流布されていた言葉遣いが、もちろん八〇年代向きに薄められたかたちで、動員されたのであった。

かつて錯覚とはいえある種の真剣味をもって語られていたそれらの言葉は、今は単なる符牒として、しかし大きな流通力をもった符号として、多大の読者や視聴者をひきつけている。古き良き過去へのシミュレーション（擬態《ぎたい》）ともいうべき言葉遣いがマスコミ全体を覆った。そしてこれが一年余にわたるマスコミの馬鹿騒ぎのトップを飾ることになったのである。

天皇にたいするふしだらさを露呈した病気報道

次は順番でいくとリクルート事件であるが、その前に天皇報道のことを取り上げてみたい。それは日本人がみずからのアイデンティティやみずからの国家規範をいかにとらえているかを示すという意味で、やはり決定的に重要な問題であった。

昭和天皇の崩御が間近くなったとき、各紙誌で様々な報道がなされた。私がまず苦笑させられたのは、マスコミは昭和天皇の血圧・脈拍・吐血・下血にかんする医学的情報を連日報道した上で、一カ月ほどたつと今度は、これは過剰報道ではないかという批判キャンペーンをはじめたということである。マッチポンプとはまさにこのことか、と思わずにはおれない顚末《てんまつ》ではあった。このマッチポンプは、天皇問題にかんし、日本人が今に至るも自信を有していないということの反映である。

国家の根本規範である憲法の第一条で、自分たち国民の象徴だとした存在についての話なのであるから、その崩御をめぐって報道量がふえるのは当然である。しかしすぐさま報道のやりすぎではないかとマスコミは反省してみせた。それは憲法の第一条の規定についてすら、しっかりとそれを遵守する構えがないからである。

過剰であったのはもしくは歪曲させられていたのは、報道の質である。天皇の病気報道についていうと、あのように血圧・脈拍・吐血・下血などの数値を逐一報道することにいったいどんなメリットがあったのか。

かりに、病状の報道をこまかくやることによって、国民のなかからこういう素晴らしい治療法がありますよという意見が寄せられることを見込んでのことならば、ああした連日連夜の数字発表にも意味があるかもしれない。しかし、一流の医者たちが天皇の診断・治療をしているのであるから、それ以上の処方が国民から示されるはずもない。

とするのなら、病気報道は次のようなもので十分であったのだ。「天皇は御重体で

「キャンペーン」

啓蒙主義運動と解するのは不適当。無意味な言葉によって繰り広げられる空疎な戦役。

あられる」、「小康を保っておられる」というふうに報道していれば、それでよかったのである。毎朝毎晩こまかな数字を発表することには何の意味もない。意味があるとすれば、それは、天皇の死すらをが記号として扱われ、記号的処理ならばこまかな病状の数値もそれなりの効果があるというような文脈においてである。

まったくかりに天皇を私人としての人間ととらえたときには、個人の病状にかんする情報はその個人のプライバシーに属するということになる。下血がトータルで何万cc、など報道することはあきらかにプライバシーの侵害である。

しかしそれ以上に強調したいのは、天皇は私人ではなく公人だということ、つまり国民にとって象徴的な存在だということである、そのことはわれらの憲法に規定されている。しかもほとんどのマスコミ人士は憲法擁護派に属する。

象徴というのは何ほどか世俗の次元を超え出たものとして、ということは超越的な存在として虚構されるものである。一般的にいっても象徴とはそうしたものであるし、まして憲法第一条に規定されるような象徴ならばなおさらである。それゆえ、世俗から離れた存在にかんし、その御方の肉体的事情についていちいち報道するのを差し控える、それが象徴論として正当な道であろう。

もっとわかりやすくいうと、天皇は半ば神であるかのように、半ば世俗を離れた象徴であるかのように、われわれの憲法で規定したのである。人間でありながら神であり、神でありながら人間であるという逆説的な存在を虚構した、それが憲法第一条である。とすると、天皇の御体の状態にかんしても、過剰に世俗の次元に落として、下血何ccということまで報道するのは配慮しなければいけない、それが憲法解釈の筋道であろう。

おそらくマスコミは、天皇は神ではない、国民の象徴ですらない、まったく世俗の一個人にすぎないのだ、ということを無自覚のうちにせよ強調せんがために、その御方の肉体的変化についてことこまかに報道しはじめたのではないか。

これは憲法解釈として間違っているのだが、百歩譲って、天皇を世俗の人間の水準にまで引きずりおろすというマスコミのやり方に歩調を合わせたとしても、それはそれで個人のプライバシーの侵害に当たるのである。

要するに病気報道一つとっても、日本人あるいはマスコミ人士にあって、天皇という存在に対する解釈、受け入れ方がいかにふしだらでその場かぎりの感情に流れたものであるかがわかるということである。

「狂気」

正気からの逸脱。自己を懐疑的にながめる意思も能力も欠けている状態。

四十年ぶりに天皇の戦争責任を突如論じはじめたマスコミの意図

しかし病気報道の件はまだ序の口である。もっとも論じられるべきは昭和天皇の戦争責任論についてである。日本共産党が火をつけ、そして一部の大マスコミが投稿というかたちで偽装しつつ、昭和天皇の戦争責任を思い起こせというキャンペーンを続けた。

私が第一にうなずけないのは、なぜその責任論が天皇崩御を目前にしてなされなければならないのかという点である。天皇の戦争責任について戦後すぐの五年間くらいは論じられた。しかしそれから四十年、私たちは昭和天皇の戦争責任についてはほとんど論じることなく過ごしてきた。天皇の戦争責任が日本国民にとってあるいはマスコミ人士にとって本当に重大な関心事であったのならば、なぜ四十年間それに論及しないままできたのか、という疑問がわいてくる。

おそらく、戦争責任問題には関心がなかったから、四十年間、言挙《ことあげ》がなされなかったのである。しかも天皇の責任問題を論じることについて、弾圧や検閲があったわけでもない。もしそんなものがあったのだとしたら、まさに崩御を目前にしたときに、責任論のキャンペーンがあれほど簡単にできるわけがないのである。

とすると、マスコミ人士が、自分にとって関心のない問題について、唐突に四十四年前の敗戦時まで歴史のフィルムを逆戻ししたについては別の理由があるはずだ。

一九四〇年代から五〇年代にかけて素朴な真剣さで論じられていた平和主義とか民主主義とかヒューマニズムについて、またしても古証文を引きずり出したい、それがマスコミの欲望であった。そして、崩御されんとしている天皇にたいし傷を与えることによって、自分たちは戦後的観念のフレームのなかに居つづけるのだ、という自己確認をやったのである。

少し内容にわたってみると、戦争の責任論についてはいろいろな側面があるが、天皇には実質的責任はなかったのだというのが支配的な意見だといえよう。政治家や軍人が戦争を引き起こし推進したのだ、天皇はそれを追認するしかない立場にあったのだ、天皇御本人は内心では軍国主義に反対ですらあった、というのが主流の意見になっている。天皇には実質的責任はなかったのであるが、しかし、ともかく陸海軍を総帥する大元帥の立場にあられた以上、形式的責任はあった、というのである。これは進歩派のみならず保守派の論客たちにも共通する意見である。そして私はこの意見に反対なのだ。


「空語」

内容をともなわない言葉という意味ではない。虚妄を抱き込んだ厚顔無恥なたいそうな言葉。

私は形式的責任というものは決して軽いものだとは考えない。もともと天皇の地位は、天皇機関説をかりるまでもなく、大いに形式的なものであり、その主要な機能が「象徴」という点にあったことは、戦前と戦後のあいだに本質的な違いはない。

もし形式上の責任があるというなら、それはそれとして追及されざるをえないのである。それどころか、世俗の事柄においても、組織の課長や部長が背任や汚職をすれば、その上の重役が形式上の責任をとるということが行われるし、家族にあっても子供のなした不祥事にたいして親が何らかの責任をとるというようなことが起こる。世俗の事柄においてすら形式的責任とは重いものなのだということである。そうである以上、もともと形式的存在である天皇に形式的責任があるというのならば、天皇の戦争責任論はおおいに成り立つわけだ。

私の判断はむしろ逆で、昭和天皇には少々の実質的責任があったかもしれないが、形式的責任はないというものである。

天皇の戦争責任をいえるのは外国人と共産党員ぐらいのものだ

あの戦争は大日本帝国つまり明治憲法のフレームのなかで行われた。そして明治憲法の第三条には「天皇ハ神聖ニシテ侵スヘカラス」と明記されている。念を押しておけば、その憲法は天皇ではなく国民が制定したのである。当時は普通選挙はまだ行われていないから国民といっても範囲が限定されはするが、いずれにしても、天皇のがわからではなく、国民がみずから「天皇は神聖不可侵である」と決め、それを国家の根本規範にすえたわけだ。

確認されなければならないのは、神聖不可侵な存在の責任を追及するなど絶対にできはしないということである。神聖不可侵条項の意味は、天皇は一切の責任を免れるということであり、それゆえそれは天皇にかんする免責条項である。

しかもそれを国民が決めたのである。したがって、天皇の戦争責任論というのは、憲法解釈としては成り立ちようがないのだといえる。少なくとも、そういえるのではなかろうかという議論がほとんどまったく出てこなかったのは奇妙というしかない。私たちは戦後の憲法についてのみならず、戦前の憲法についても、ルーズな解釈しかほどこしてこなかったのである。

かりに昭和天皇の戦争責任論が成り立つとしても、それを公然ということができるのは、明治憲法のフレームのなかにはいなかった外国人である。そしていささかの皮肉を込めていうと、コミンターンの指導の下にあり、日本の根本規範である明治憲法

「迎合」

すすんでみずから相手の意に沿おうとすること。社会党のいう先制降伏がこれにあたる。

には従わないということを宣言していた共産党員くらいのものであろう。彼らは、戦前のことについて、お前たちあるいはお前たちの先祖は、なぜ天皇を免責するという憲法を勝手に決め、その上、天皇を大元帥の位置において戦争をやったのか、その戦争の犠牲を蒙《こうむ》ったわれわれ他国民の立場はどうしてくれる、というような抗議をこれからも寄せつづけるに違いない。

しかしながら日本人の場合はそうはいかない。あの戦争は日本人が根本規範としていた明治憲法の下で行われた。そのことを確認するなら、かりに戦争責任についての感情論をいうにしても、それを公然とは表明できない仕儀になっているのだ。

それをいえるのは、せいぜいのところ家庭、クラブおよび酒場などの私的会話においてである。自分の祖父や叔父や兄が死んだ、三百万の日本人が犠牲となった、そのときの大元帥であった方の進退が不変であるということについてどうも納得できない、とひそかにいい交わすのは人間として別に奇妙なことではない。しかし明治憲法という根本規範はそれを公然ということを禁じているのである。

戦後の世代は戦前の規範についてまで責任をもたなくてよいという意見もそう簡単には成り立たない。あの敗戦によって歴史は不連続になったというのならば別であるが、そうではない。戦後世代は戦前の人々に多くを負ってもいる。またそうした歴史の不連続を信じるのだとすれば、戦後世代は昭和天皇についてのみならず、自分らの祖父や父親の責任をも追及しなければならないのである。

明治の人々といえども、天皇の神聖不可侵を自分たちで決めはしたが、それが一つのフィクションにすぎず、天皇が実在としては一人の人間にほかならないことをよくわかっていた。神聖不可侵という規定がフィクションである以上、人間の実感として、世俗の人間が三百万も死に、神聖と虚構した御方の進退が変わらないということについて、不平不満が残りはするであろう。

だがエモーションよりもルールを大事とするところに規範が成り立つのだ。憲法という根本的なルールの上で神聖不可侵としたからには、天皇にかんする不平不満を公然とはいわないというのもまたルールになるのである。まして敗戦処理に当たって、日本人は天皇の戦争責任を不問に付した。そうすることによって、戦前と戦後のあいだに連続性を保とうとした。おまけに、復讐裁判としての東京裁判までもが天皇に責任なしとしたとき、日本人はそれに反対しはしなかったのである。

「形式的責任」

法的形式における責任こそもっとも重いものなのだ。法的形式は抽象的思考の産物なのであるから、もっとも重いのは抽象的思考そのものである。

戦争責任論の底に流れるおそるべきヒューマニズム

ところが世紀末の日本人は、マスコミを先頭にして、長崎市長を含めて、公然たる天皇批判を展開した。これは日本人がルールというものをわきまえていないことの表われである。

原理的にいって、天皇報道は次章で述べるリクルート事件と同質である。ルール意識が明瞭ならば、ルールに収まるような他者のいかがわしさを批判してもいいが、それはほのめかしや冷やかし程度にとどめるべきである。それが文明人の文体でなければならない。そのように言葉を仕分けするのが文明人の「けじめ」であろう。しかし日本人は、自分の父親は死んだのに天皇はなぜ死なないのか、といったような卑《いや》しい感情論に流れていったのである。

後に述べるが、リクルート事件も同じで、自分たちは苦労して安月給をもらっているのに、なぜあの権力者たちだけが未公開株を買って大儲けをするのだ、というふうな感情的な論調になる。

感情論に依拠して他者に、とりわけ地位の高いものに攻撃を仕掛けるという点では、天皇報道もリクルート事件も同じである。ルール、マナーおよびエチケットを言葉の次元できちんとおさえる力量において日本人が著しく欠けている、それをみせつけたのがリクルート報道であり天皇報道であったのだ。

ついでにいっておくと、戦争責任論など成り立つわけがない、と私は考えている。そもそも、敗けたがわだけが戦争責任を問われ、勝ったがわはそれを問われないのはなぜか、という疑問が発せられて当然であろう。もちろん、捕虜虐待という国際条約違反の問題はある。しかし、それは天皇の責任ではない、どういう軍人がどういう状況の下でどういう命令を下しどういう処置をしたか、というかたちで裁かれるべき事柄である。

かりに責任論が論じられるとしたら、それは敗けた責任についてである。つまり軍人たちは勝つといった、討ちてし止まん、日本必勝、といった、多くの日本人が日本が勝つものと思って戦場に参じた。ところが帝国陸海軍の見通しの誤りで大敗してしまった。そうなると死んだ人々の親や子のうちには、勝つというから息子や父親は勇んで戦場に赴いたのに、こんな惨めな敗け方をするとは何事だ、戦略や戦術に間違いがあったのではないか、と軍の指導者や大元帥に向かって軍事上の責任を追及するというものも出てくる。

「公共的立場」

私的あるいは人間的全領域を制限して、その職能的能力を公共に反映させるべき立場。

しかし、今いわれている責任論はそういう種類のものではない。戦争は悪であるという大前提をおき、そこで宣戦布告したがわの責任を問う、というおそるべきヒューマニズムに発する責任論である。

こうしたヒューマニズムの見地から、残酷な事態に引きずり込んだことの実質的責任を天皇その他の指導者に求めるのならば、単純な論理として、日本を宣戦布告に引きずり込んだアメリカの責任はどうなるのか。あるいはアジアの人々は怒るであろうが、日本の傲慢《ごうまん》で攻撃的な軍人たちにやすやすと侵略を許すような脆弱《ぜいじゃく》ぶりをなぜアジアの国々は示したのか、というようなことまでもが責任論に入ってきてしまう。もちろん、そういう指導者しかもてなかった日本国民にも責任があるということになる。

つまり、戦争という残虐にかんする責任を批判するヒューマニズムはそういう残虐に日本を誘ったアメリカの強さやアジアの弱さや日本人のだらしなさもまた批判せざるをえないはずなのである。

昭和天皇崩御のときに本当に論じられるべきは何だったのか

あの東京裁判は勝った国が敗けた国にたいして行う最後の復讐の儀式なのであった。

そしてこういう復讐の儀式は古今東西延々とつづいている。

四十万ともいわれるアメリカ人の犠牲者の家族のためにも、アメリカは、敗けた国の指導者の首をはねることによってそれら家族の精神を慰撫《いぶ》するという儀式をやった。そして同時に、あれは日本国民の復讐の儀式でもあったのだ。自分たちは勝つつもりで戦争に参加した、だが自分たちの親族は死んでしまい、そこで戦争には敗けてしまった指導者にたいする不満や憎悪が増大するわけである。

本筋からいえば、それはアメリカ軍にたいするレジスタンスとして展開されるべき感情である。しかしそんな物理的力が敗戦国民にあるわけがない。精神力としても、敗けた翌日からアメリカ万歳というお国柄であるから、占領軍にレジストすることなど不可能だ。そうなると、戦争に敗け、犠牲を被ったことにたいする復讐の感情は日本の旧指導者に向けられる。しかし自分の力でその復讐を果たすことはできないので、連合軍の力をかりて、指導者たちを血祭りにあげた。それが東京裁判という復讐劇だったのである。

このように述べると、この東京裁判があってはいけないことであったかのように私がいっているように受け取られるかもしれない。私のいいたいのはそういうことではない。


「公言」

議会などにおける発言のこと。新聞、テレビ、出版物における発言は、せいぜいが公言に準ずるにすぎない。

復讐という感情はきわめて普遍的なものなのであって、古来から現在までつづいている。四十五年前にもあったし、これからもかりに局地戦争があったとしたら、似たような復讐劇をやることによって、勝敗の最後の確認をするに違いない。

しかし戦後、日本人たちは、あの裁判が復讐裁判であったということすら認識できず、それをヒューマニズムや平和主義にもとづく結構な裁判であったとしてきた。天皇を戦争責任論から擁護するために、あの戦争の責任はすべて極東裁判で決着がついている、という保守論客すらいる。つまり保守思想においてすら、あの裁判で天皇は免責されたのだから、今さら天皇の責任を追及するのはいかがなものか、という見方があるのである。

私にいわせれば、あれは復讐裁判であり、連合軍は日本の国情を考えて天皇を復讐の対象にすると占領行政にマイナスだと判断したにすぎない。連合軍の復讐の的にならなかったから天皇に戦争責任はないというのはあまりに奇妙な理屈である。

いずれにしても、昭和天皇の崩御をめぐって論じられるべきであったのは、文化とは何か、象徴とは何か、国家とは何か、軍隊とは何か、戦争とは何か、あるいは責任とは何かという問題であった。それらの論題を一切放り出したまま、マスコミは単なる感情論に明け暮れした。つまり、戦争は悪い、犠牲者がかわいそうだ、といった種類の子供っぽい感情にもとづいて戦争責任論のキャンペーンを繰り広げたのである。

またしても、マスコミはそしてマスコミに代表される日本人の少なくとも表面的な意識は、小児病の症状をみせつけたのであった。

馬鹿騒ぎに興じる国民にやすやすと開かれるような皇室は必要ない

さて、昭和天皇が崩御されたのに引き続いて、明仁《あきひと》新天皇が即位され、「即位後朝見の儀」が行われた。私の眼からみると、そこでも異常なことがいくつかあった。

その一つは、一部の新聞にこれも投稿というかたちを借りて、次のようなことがほのめかされたり、公然といわれたりしたということである。

「竹下首相が新天皇の前に臣下としての礼を尽くすのは憲法違反、民主主義違反ではないか。主権者は国民のがわである。その国民が選んだ代表者が竹下氏である。ならば天皇こそが主権者の代表たる首相の前にひざまずく、それが民主主義というものではないだろうか。主権者の代表が天皇に忠誠を誓うのは天皇専制の儀式であり、許せるものではない」というのである。

後で民主主義論として詳しく述べるところであるが、子供の理屈もここまでくるの

「公約」

近い将来何を行いたいという希望の表明。物事が希望どおりにすすまないといって怒るのは子供の所業。

かと感心しないわけにはいかない。

つまり、私は竹下氏を馬鹿にしていうわけではないが、ともかく、リクルート事件ごときで権力の座から転がり落ちるような人物の前にひざまずくようでは、とてもわれらの象徴とはいえないと思うのがごく当たり前の大人の感情であり、また論理でもあるようだ。

ここで論理というのは、憲法第一条の「天皇は、日本国の象徴であり日本国民統合の象徴であって」という規定からして、象徴の前にへりくだって礼を尽くすのは国民の態度としてのあるべき筋道だという意味である。

われわれは日常の生活においてすら、神社の前で柏手を打つとか、寺院で線香をあげるとかいうふうに、何らか世俗を超えた存在として虚構したものについては、それなりにへりくだった態度をとるという儀式を演じているし、またそうするのが大人たるころの条件である。

ところがそれに公然と反するような言説がマスコミに載《の》りはじめたのである。それを眺めているうち、私は民主主義もこういう水準につまり象徴の前にふんぞり返るように国民を育成するまでになってしまったのかと痛感せざるをえなかった。

また、新天皇が即位されるや、マスコミこぞって「開かれた皇室を、国民に親しまれる天皇を」という大キャンペーンに着手した。これまたルール違反のキャンペーンである。

国家および国民の象徴であるかぎり、世俗をいかほどかは超えた存在でなければならず、そうだとすれば世俗の次元にたいしては何ほどか閉じられてこその象徴なのだということである。この憲法解釈の基本ルールをどうして認めようとしないのか。

世俗の次元に開いたまま、世俗の次元に親しまれたままというのは世俗にまみれることにほかならず、そんな存在では象徴たりえないではないか。超越ということの意味を理解できず、それゆえ象徴ということの意味を理解できないのは子供の所業といわざるをえない。

現実判断としても、リクルートの阿呆騒ぎや消費税反対の馬鹿騒ぎにわき立っているような国民に開かれたり親しまれたりする天皇とは、いったい何のための存在なのか。日本人とは少なくとも現在のところ馬鹿騒ぎに興じている国民でしかないかもしれないと自己を疑ってみるなら、そんな国民にやすやすと開いて下さる必要は皇室にはないし、そんな国民に愛されるような天皇であられるのなら、天皇もいささか問題含みの存在であろう、というくらいに考えるのが感情としても理屈としても真っ当なのである。

「国民」

鯨もウジ虫もともに動物であるように、悪党もお人好しもともに国民である。

ご葬儀が国辱もののみすぼらしさになった理由

次に二月二十四日の大喪《たいそう》の礼である。これも新聞、テレビがこのことにふれないため、国民はさも厳《おごそ》かな儀式が行われたかのように思っているだろうが、私のみるところ、ほとんど国辱もののみすぼらしさであった。アクセントの足りない、印象の曖昧なご葬儀を昭和天皇に差し向けたのである。

そうなってしまった一つの理由は、憲法二十条のいわゆる政教分離の原則に立って、鳥居とか大真榊《おおまさかき》を用いた神道的な儀式をするのは「葬場殿の儀」にかぎられる、なぜならその儀式は皇室の私事であるから、というふうに理屈づけたところにある。そして「大喪の礼」は政府行事であるから、政教分離の建前上、神道色を取り除いた。

まず確認さるべきなのは、宗教色の伴わないような儀式は最悪の儀式だということである。結婚式であれ葬式であれ、何らかの宗教色を伴わせている、これは庶民が自分らの生活のなかで十分知っている。宗教色を伴うことによって儀式にある種の厳かさが漂い、そのおかげで自分たちが日常性の意識からやや超《こ》え出る、そのことを確認するためにこそ儀式が催されるのだ。宗教色を取り除いた唯物的な、完全に世俗的なものは儀式とはいえない。それをもし儀式とよぶとしても、最悪の儀式にすぎないという良識を日本人はいつ失ったのであろう。

もう一つ、「皇室の私事」などというものはルール解釈上ありえないということも確認しておきたい。もちろん皇室の方々とてプライバシーはもっている。しかしそれは国民に秘されたところでの私生活なのであり、国民の前で行う皇室の行事はすべて公事である。

というのも天皇は象徴的な存在なのであり、皇室の行事はすべて象徴としての行事なのであるから、それは私的なものではありえず、公的行事であるしかないのである。皇室にそれをなす経済的、財政的な準備がないのならば、国民は自分たちのがわからすすんで天皇を象徴としたのである以上、自分たちで、ということは政府をつうじてそれをサポートしなければならない。

しかし当時の竹下内閣はリクルート、消費税で追い込まれていた。その上、マスコミや野党から政教分離の問題で責め立てられるのは叶わないということで、マスコミ、野党に迎合し、大喪の礼からできるだけ宗教色をなくすということにしたのである。その結果、アクセントやインプレッションの不足したお粗末な儀式をやってしまった。

しかしマスコミは、自分たちが要求したことが現実になっただけのことであるから、

「言挙」

いやしくも天下にもの申すのに肉体抜きのことばを吐き散らしてはなるまい。言挙したからには我が身は逃げも隠れもせぬ。

それがお粗末な儀式であるということについては一言もふれなかった。国民も自分の眼や頭よりマスコミの映したり書いたりしていることの方を信じているらしく、儀式のお粗末さを認識することはできなかった。

たしかに、憲法二十条第三項には「国及びその機関は、宗教教育その他いかなる宗教活動もしてはならない」と書いてある。この文章が何を意味するか、素直に読めばすぐわかることであろう。

なぜ「宗教教育その他」というふうに記述したかというと、〝宗教教育のように積極的な宗教活動〟ということを含意させたかったからである。つまり宗教教育とは布教とか洗脳のような積極的なはたらきかけを意味する。

実際、「活動」を英語の原文でいうと、(英文を参照しなければならないというのは占領軍憲法の情けないところだが)「アクション」なのであり、アクションとは人間の行為のうちでも積極的、能動的なものをさす言葉である。つまり布教とか洗脳に典型的にみられるような宗教にたいする積極的かかわりを政府がもってはいけないということだけを憲法は規定しているのだ。

鳥居を建てようが、大真榊を飾ろうが、神主が祝詞《のりと》を上げようが、そんなことは布教でも洗脳でもない。単なる儀式にすぎない。

もちろん抽象的には、人間の振舞いのすべてが他者になんらかの影響を与える。その意味では、儀式もまた一種の宗教活動だといえなくもない。しかし、そこまでを宗教活動に含ませるのならば、たとえば政治家が議会の壇上から宗教感情を込めた演説をやり、それによって少々の宗教感覚が国民に与えられたとすると、それもまた宗教活動になってしまう。コモンセンスから判断して、宗教教育のような積極的活動さえしなければ、政府が宗教的儀式にかかわるくらいのことは認められるのである。

無神論者を装う日本人は世界に恥をさらしている

世界の各国は堂々と宗教的儀式を行っている。ブッシュ大統領も議会の就任式で聖書に片手をおいて国家への献身を宣言したし、また就任祝賀典ではキリスト教の合同ミサに出席している。

アメリカにはクリスチャンだけではなくブッディストもいればモスレムもいる。あるいはカリブ海あたりからきたブードゥ教徒だっているだろう。しかしアメリカ建国の宗教精神がキリスト教にあるということに鑑《かんが》みて、その合同ミサに出席したのである。

「子供の所業」

決定的な矛盾を何の混乱もなく併存させせることができる過度に柔軟な精神構造。

天皇という日本の国家的象徴も、建国以来の連綿たる宗教的儀式の体系として神道を有している。そのことにもとづき神道の儀式で皇室の葬儀をやったとて何の不思議もないのである。

しかしマスコミや野党は憲法二十条を拡大解釈し、政教分離を過大に要求した。ここではしなくも露呈されたのは、日本人が、本心からではないだろうが、上辺《うわべ》ではやはり、唯物論の建前をおそらくは無自覚のうちに採用しているということである。唯物論、それは無宗教の立場であり、無宗教、それは最悪の宗教である。唯物論という無神論が最悪の宗教であるという常識すら日本では通用しないのだ。

ソ連その他の社会主義国で、この最悪の宗教によってもたらされる劣悪な帰結が広範に示されているにもかかわらず、日本人は無神論を、それと知らずに、演じつづけている。無神論が、結局のところ有神論の前に敗退している。これがユーラシア大陸の現実である。そのことをこの島国の民人は少しもわかろうとしない。

昭和天皇の御葬儀にあっては、四つの選択肢しかなかった。神道でやるか、それ以外の宗教（たとえばキリスト教）でやるか、いろいろな宗教のごた混ぜでやるか、一切の宗教色を取り除くか、の四種類である。

で、無宗教の儀式は最悪であるから排除、ごた混《ま》ぜ宗教は次悪であるから排除となると、神道でやるかキリスト教（あるいは仏教）でやるかの選択になる。私は神道でやるべしと思う。

なぜならば天皇は歴史の連続性とそれにもとづく国民の統合性の象徴だからである。つまり歴史の連続性ということに配慮するなら、神道がキリスト教（さらには仏教）よりも古い歴史をもっているということを勘案せざるをえない。日本古来の宗教、宗道もしくは宗教感情はあきらかに神道的なものである。神道を皇室儀式の中心に据えることに異論をさしはさむのは無理というしかない。

日本人が無神論者の集まりだとはいわないものの、あたかも無神論者であるかのように振舞っているのであり、そうすることによって世界に恥さらしをしているのである。

このことは日本人が個人として神道を信じているかどうかといった話とは別である。それは個人的信仰の問題だ。個人の信仰ならば、昨日誕生した新興宗教を信じてもよい。しかし国家の儀式においては、国家の連続性をよく象徴してくれる宗教によってそれを執り行うべきなのである。

あらゆる人間が自分の内部から内発してくる個人人格と次元の外部から接近してくる集団人格との両面をもっている。国家の儀式は主として後者にかかわることであり、

「子供の理屈」

どうにもならない屁理屈を、それが未熟であるという理由で受けいれるのは、自分もその子供の屁理屈世界にひたりたいからなのだ。

神道が日本人にとって重要なのも、国家の神道的儀式をつうじて、自分らに共在する歴史性を確認するところにあるのである。

《2》マスコミにはびこる偽装民主主義

取るに足らないちっぽけな事件

さて、リクルート事件である。これは今なおリクルート裁判というかたちで続いている事件なので、いささか詳しく批評してみよう。

この事件が起こったのは八八年の六月末だが、翌月から、幾分《いくぶん》の直感力も交《まじ》えて、私はその事件を次のようにとらえていた。

「このリクルート事件は取るに足らないちっぽけな事件である。しかし日本のマスコミはかならずそれを大きなスキャンダルに仕立てあげるであろう。そしていかに退屈をまぎらすか、いかに苛立ちをしのぐかという集団心理にはまっている日本国民は、マスコミの誘導するこのスキャンダルにたぶんやすやすと追随していくであろう。われわれが注意すべきはリクルート事件そのものではなく、リクルート事件をめぐる騒ぎなのである」と。

多勢に無勢ゆえたいして世論に影響を与えることはできなかったが、しかし私は自分の判断が間違ってはいなかったと考えている。

リクルート事件の報道がどれほど奇妙なものであったかは、事件のフィルムを逆に

「個人主義と全体主義」

全体と個の矛盾を解消できなかったこの対立概念は、仲の悪い夫婦のようなもの。

回してみるとわかりやすい。

たとえば、翌年の春になって海部首相が千五百万円のリクルート献金をもらっていたと判明した。自民党総裁選に立候補した石原慎太郎氏も五百万円もらっていることが判明した。しかしながらマスコミ世論は、この両氏について首相を辞めろとも代議士を辞めろとも国民の前に謝罪せよともいっこうにいわない。一度か二度、それについて報道することで終わってしまった。

ところがその半年前には、ある大臣が月々五万円の献金をリクルートから受けていたというだけで、大臣を辞めろ代議士を辞めろという大キャンペーンをマスコミは張ったのである。もしもあの騒ぎに何らかの実質的な意味があったのだとしたら、海部、石原の両氏についても同じ騒ぎを差し向けなければならないわけだ。金額からいえば、その騒ぎは前年のものに何倍かする規模のものでなければならない。ところがそうはならない。実に単純な理由からそうはならないのである。

前年、マスコミ世論は騒ぎたかったから騒いだ、しかし騒ぎはもう終わった、リクルート事件について騒ぐのには飽きた、それゆえ何倍もの献金が判明したとしても騒ぎを繰り返す気はない、ということである。

このように、リクルート事件が単なる騒ぎにすぎなかったことをマスコミ世論それ

「個人の悪徳は公共の利益」

自分だけよくなろうと勤勉に励んだ結果、はからずも他人の状態をもよくしてしまうこと。

自身が実証しているのである。

国民の利益に沿うものを、なぜ叩く

こういう批評があまりにも高見に立ったとらえ方だというのならば、リクルート捜査の結末をみてみよう。あの起訴事由をきちんと分析すれば、リクルート報道が馬鹿騒ぎであったということが歴然としてくる。マスコミは、さも、一年近く続いた大事件がそれにふさわしい大結末を遂げた、という調子の大見出し記事を作った。そのため、多忙でありまた不注意でもある一般市民は、その報道のなかに含まれている真実を見抜けないようであるが、起訴事由にはあの騒ぎの虚《むな》しさをはっきりと示されているのである。

この事犯は三つのルートからなる。一つは文部省ルート。文部省ルートの基本内容は、リクルートが「就職協定を守りましょう」と文部省筋に働きかけたということである。さてこの就職協定というのは、ビジネスの現状のなかで有名無実化しつつあるとはいうものの、少なくとも建前上は、財界も政界も官界も学界も、そして国民も含めて、一応のコンセンサスが成り立っているはずの協定である。学生の青田買いをす

「失語症」

言語の有効性を確認するには､多弁を弄する必要はないとしても……。

ると教育が乱れ文化が乱れる。

で、大学の四年生にたいし、十月までは就職戦線に誘ってはいけないという合意ができた。リクルートはその協定を守りましょうといったわけである。すぐさま確認できることは、リクルートのやったことそれ自体は国民の害にならないどころか、ベクトルとしていえば、国民の利益に沿う事柄だということである。

二つめは労働省ルートであり、そこでリクルートのやったのは、「就職雑誌に労働省が余計な官僚統制、官僚介入をするのをやめていただきたい」と働きかけたということである。もし自由主義の原理を、とくに言論の自由、出版の自由にかんする自由の原理をいささかでもわきまえているならば、労働省ごときが就職雑誌にあれやこれやと規制を加えることが大いに不穏当である、もしくはその危険が高いということを了解できるであろう。つまり、労働省ルートの基本内容も国民の利益に沿うものだといわざるをえないわけである。

最後のＮＴＴルートについてはさらにはっきりしている。国鉄がＪＲに変わって経営が効率的になりサービスが改善されたのとちょうど同じように、電信電話も政府に任せておいたのでは、水ぶくれの組織による非効率な経営しか行われない、ぜひともそれを民活化せよ、というのは国民的なコンセンサスなのであった。


「実質的責任」

世俗の責任は因果関係によって因をなしたものが実質的責任を引き受けるのだが、しかし因果関係のごとき世俗の次元で責任などという高尚な言葉を使っていいものだろうか。

土光行政改革委員長を先頭に立てた民活、行革の運動は国民多数の支持の下に、とりわけ政界、財界支援の下で実行されたのである。また成果としても、完璧とはとてもいえないにしても、ＪＲに続いてＮＴＴにおいても経営・サービスの改善が進んでいるし、さらに向上が見込まれるということは誰しも知っている。そしてリクルートがやったことは「ＮＴＴの民活を推し進めましょう」ということなのであった。それならばこれもまた国民の利益に沿うものだとしなければいけないであろう。

結論としては、文部省ルートも労働省ルートもＮＴＴルートも、その内容自体については国民の利益に沿うものと国民自身が認めていたのである。

すべてを巨悪として裁く傲慢《ごうまん》さ

さて、リクルート事件をマスコミの馬鹿騒ぎとどうしてもいわざるをえないのは、マスコミそして国民が「疑獄だ、巨悪だ」と騒ぐべき問題は、国民に大きな実害が及ぶような事件の場合だと考えられるからである。

贈収賄によって動いたカネによって国民に実害が及ぶ、もしくはその危険性が大きい事件であってはじめて、「獄」とか「悪」とかいう言葉に実質的な意味が宿るのだ。

「私的会話」

井戸端会議の効用はことばをもてあそぶことによって得られるいかがわしい感情浄化である。ゆめゆめおおっぴらにすべきことではない。

たとえば贈収賄のカネを使って一部の政治集団が強引に権力の奪取を図《はか》ったとかいう場合である。

例のロッキード・グラマン事件の場合には、まだしも、少なくともマスコミ世論のとらえ方としては、政権の奪取および操作においてそのカネが使われたのではないかという論点が示されていた。

しかしリクルート事件にあってはそうではない。というのも、リクルートがあまりにも多方面の人々にカネをばらまいたからである。特定集団による権力の奪取・操作のために、何でもあまで雑多な人々に雑多な仕方でカネをばらまかなければいけないのか、ということになってしまう。事実、リクルートの政治資金が権力の不当な発動に用いられたという証拠は何一つ挙げられていないのである。

また、贈収賄のカネを使って、実現されてはいけない法案が強引に押し通されようとしたというようなことがあれば、国民に実害が及ぶのであるから、それについては騒いでもよいし、騒ぐべきでもあるだろう。あるいは実現さるべき法案が贈収賄のカネを使って強引に圧し潰されたという場合もしかりである。

要するに、疑獄とか巨悪とか大疑惑とかいった言葉が正当性をもつのは、その贈収賄をめぐって国民に実害が及び、またはその可能性が大きい場合にかぎられるという

「自分を疑う」

自分を疑ってかからねば、そもそも意見は意見たり得ない。

ことに尽きる。

ところが今回の事件についてみると、その恐れはほとんどゼロに近い。それなら、そこに贈収賄があったとしても、法にもとづいて粛々と裁けば、それで十分なのである。それを報道するのはかまわないが、せいぜい一週間か二週間にとどめるべきであろう。春夏秋冬、膨大な紙とインクと電力を使うような報道には値しないということである。

けじめが必要なのはマスコミの方だ

私たちは法治社会に生きているはずである。宗教的戒律で統制することはできないし、イデオロギー的統制でも制御できないような複雑なグレートソサイアティーつまり「大きな社会」に生きている。そこで、法律および習慣というルールによって「大きな社会」を形成しよう、それが近代社会の原則なのであり、それは、おそらく人類がたどりついた最後の知恵なのである。

この「ルールによる支配」の下にあっては、まず、ルールに明確に違反したとみなされるものについては公然批判を加えてもいいとされている。正確には、それについてすら司直の判断を待つのが原則なのではあるが、しかし言論・報道の自由もまたルールのうちに含まれているのであってみれば、マスコミがそうした批判をなすのを禁止するわけにはいかない。

しかし、ルールすれすれのものについては、批判するとしても、ほのめかしとかひやかしのような、そして分量としても少なめの、婉曲《えんきょく》的かつ間接的な表現を使った批判にとどめなければならない。

ましてや、ルールに収まるような範囲での他人のいかがわしさについては、せいぜい陰口をたたくといったところで我慢しておくべきである。黙認するか、それが難しいというのなら、議論して新しいルールを創る、それが「ルールによる支配」の根本原理である。

ついでにいえば、この根本を理解するか否かが、人間が大人であるか子供であるかを決めるのだといってよい。それは小さな子供にたいする教育の主眼が社会のルールを教え込むところにあることからも明瞭であろう。

ところが、マスコミ世論のしでかしたことは、ルールにはずれるものも、すれすれのものも、収まるものも、十把一からげにまとめ上げて、いわゆる「リクルート関係者」として指弾したということである。リクルート関係者であれば、何はともあれ悪

「資本主義哲学」

資本利潤の追求のために労働者を雇用し、かくして労働者の生活を向上させることもある、ということを論じる哲学。

人のレッテルを貼ったわけだ。

最初はおずおずとイニシャルで固有名詞をほのめかしていたのだが、次第に自分の新聞社所属の週刊誌などに固有名詞を明記させ、その既成事実がまかり通るようになると、新聞・テレビにおいても堂々と固有名詞を挙げる、というようなやり方で、マスコミは公然と「リクルート関係者」にたいする弾劾《だんがい》を繰り広げた。

リクルート事件にかんして、関係者は「けじめ」をつけよということがよくいわれたが、けじめのないのはマスコミ世論がわである。なぜなら、けじめとは「物事の仕分け」ということであり、法治社会においてまず重視さるべき仕分けの基準はルールにほかならないからである。

この事件のもたらした最大の害悪は、マスコミによるルールの侵犯が国民的なスケールで承認されてしまったという点である。

「寛容と忍耐」の意味を理解できない日本人

ここで思い出さざるをえないのは、二百八十五年も昔のこと、イギリスにいたベルナール・ド・マンデビルという人物のことだ。

当時のイギリスは資本主義社会の誕生期に当たり、大変な活況を呈していた。商業も活況を呈し、蔵においたものは一晩二晩で値が上がり、ボロ儲けをするというふうになった。そこで、商人の「濡れ手で粟」を許していいのか、といったかたちで商業批判のキャンペーンがはじまったのである。

当時は近代マスコミの揺籃《ようらん》期で、まだ日刊紙はなく、パンフレットやウイークリー・ペーパーの紙面で、またサロンやクラブやコーヒーハウスで、世論が盛り上がったわけである。いずれにしても、激しい商業批判が行われ、商業を禁止せよ、商人を捕縛せよという声すら聞かれるようになった。

それにたいしてマンデビルが決然と起ち上がり、そういう馬鹿騒ぎと敢然と闘って『ハチの寓話』という書物を書いた。その書の最初の題名は「ブンブン不平を鳴らすハチの群れ、または正直ぶっている悪党ども」というもので、当時のマスコミ世論に痛烈な諷刺を加えることを狙っている。

それから三世紀近くたったものの、日本人が八〇年代の末にやったことはまさしく「ブンブン不平を鳴らすハチの群れ、または正直ぶっている悪党ども」の行動だったと私は思う。

マンデビルがいわんとしたことは次のようなことである。他人のいかがわしさを徳

「資本流出」

「税金は金持ちからとってちょうだい」「そんな税法がまかりとおるのなら我が社は本社を海外に移します」。

義漢よろしく次々と血祭りにあげたときにいったい何が起こるか。商業は不活発になる、取引がなければ生産も不活発になる、失業者が生まれる、犯罪者が生まれる、悪徳が栄える。美徳を叫んで他人を血祭りにあげた挙句に、悪徳の社会を作り出してしまうのだ。で、彼は「個人の悪徳は公共の利益なり」という副題をつけたわけである。

つまり、個人のいかがわしさをある程度は認めようではないか、このいかがわしき個人たちの振舞いが結果としてはこの世に繁栄をもたらし、その繁栄をベースにして個人と社会がともに潤うのだ、ということをいわんとした。

この書物は日本ではほとんど注目されていないが、欧米で資本主義哲学、自由主義哲学の嚆矢《こうし》と評価されている。

自由主義というのは、戦後の日本人がいいつのってきたような、性善説にもとづいて成り立つものでは決してない。人間はなべて性善なるものであり、この性善ぶりを自由に発揮させると実に素晴らしい社会ができるといったようなおとぎ話が自由主義なのではない。

人間というものは半ばいかがわしいものである。蔵に物をおいてボロ儲けを追求する商人のような性格を大方の人間がもっている。しかしそれをがんじがらめに取り締まることはよそうではないか。大まかなルールを決めて、そのルールの範囲に収まるような他人のいかがわしさについては互いに認め合おうではないか。もちろんそのいかがわしさを褒めたたえる必要はないが、お互いいかがわしいのであってみれば、互いに皮肉の眼差しを向けるくらいでとどめておこうではないか。人間のいかがわしさも、因果がめぐりめぐって、自分にメリットとして返ってくることもある。つまり自由はこうした大人の寛容さによって支えられているのである。

トレランスつまり「寛容と忍耐」の必要をイギリス人は発見した。自由には、自己の性悪ぶりをある程度は認めようとする寛容の精神がなければならない。日本人は今もなおこのことを理解していないらしい。のみならず、自分のことを棚に上げて、他人のいかがわしさを徹底的に暴露し、集団リンチにさらすということをやりつづけたのである。

なぜ日本人は自分たちの頭の心配をしようとしないのか

日本人は法の精神を理解できていないようだ。法の本質はそれが「禁止の体系」であるという点にある。なぜ禁止が必要になるかというと、人間には禁止されてしかるべきことをなすような性悪があるからだ。つまり性悪説を何ほどか承認するのでなけ

「シモネタ」

女性週刊誌の編集意図は「読者を人間と思うな」なのだという。人間の愚かさは大脳の性器化にまでゆきついた。

れば、法の精神とはいえないわけである。

もちろん、ひとたび法ができ、それを破ったものには罰則が適用されるようになると、たいがいの人間は法を守るであろうと予想している点では、法の精神は性善説をも取り入れている。いってみれば、性悪説と性善説のあいだの微妙な均衡の上に法の精神が成り立つのである。

リクルート事件が特筆大書さるべき事件であるのは、法の精神からの公然たる逸脱が正義や道徳としてもてはやされるという意味での衆愚状況を、日本社会があくなくさらしたからである。

かりに私たちが飢饉《ききん》に陥った江戸時代の民人や、戦争で物資が不足した状況下の民人と同じ状態にあり、食うためには娘を女郎に売らざるをえないといった有様でいたのだとすれば、経営者や政治家たちが「濡れ手で粟」の儲け方をしたということについて素朴な怒りの感情をもつのも当然である。もしそれらの「濡れ手で粟」が合法的だというのなら、そういう法の不備について怒りを感じて当たり前である。

しかし私たちはそういう状態にはいない。私たちは、平均で言うと、食べる心配がなくなったということについて退屈や苛立ちを感じている状態なのだ。どうして日本人は腹の心配をしなくてすむのならそろそろ頭の心配をしようというふうに考えないのであろうか。

私が指摘したいのはマスコミ世論によって私たちの頭が汚染されたという事実についてである。

リクルート報道にあって、マスコミと検察のあいだの野合、癒着《ゆちゃく》、連携があったに違いない。固有名詞は挙げないが、私は大新聞社の幹部から自分たちがそういう情報のリークを受けているという告白を聞いている。

もっと控えめにいえば、あるいは希望的観測を含めていえば、検察がことこまかに新聞に情報をリークしたとまでは思いたくないが、しかし、ある種のヒントやサジェッションを与えるというかたちでの情報操作を検察が大いにやったということであろう。

また新聞を毎日読んでいると、マスコミ世論が盛り上がった段階で検察が世論迎合的な行動に入り、検察が行動を開始すればマスコミの情報量が格段に増える、という具合に事態が進んでいることを明瞭にみてとれるのだ。マスコミと検察の協力関係は、疑いようのない事実であったことがわかる。

ほとんど誰からも批判されるおそれのないマスコミと、ほとんど誰からも起訴されるおそれのない検察が連携プレーをとりつつ世論を誘導し操作するとき、われわれの

「社会的遺伝」

人間の寿命はたかだか百年に足らないが、遺伝子は社会という肉体をさらに生きのびる。

頭がどれほど汚染され歪曲されるか、心配すべきはむしろそのことである。日本人が大人にふさわしい頭をもちたいと欲するのならば、マスコミと検察の野合、癒着、連携にたいしてこそ抗議の声を発するべきであった。

ところが日本人はよほどに退屈し苛立っていたらしく、逆に検察に白馬にまたがる正義の騎士であるよう期待し、マスコミには鞭をかざした刑吏であるよう、要求したのである。

少なくともこの一年余の現象としてみれば、日本人の品性もずいぶんと卑しい水準に転げ落ちたようだ。

騒ぎを煽《あお》り立てるのが「社会の木鐸《ぼくたく》」「言論の公器」の役目なのか

ただしこのリクルート事件は、社会風俗の現象としては、私たちの思考や感情を様々に刺激してくれる面白い内容を含んでいた。

ほんの一例を挙げると、この問題が大きなスキャンダルになるに当たって一つのきっかけとなった楢崎弥之助という代議士の振舞いである。彼は、リクルートの社員が賄賂めいたものを持ってきたのを物陰から隠し撮りして、それをテレビ会社に持ち込んだ。

このあたりから日本人の好奇心、というよりものぞき見趣味が大いに刺激されることになった。私ならば、素朴な庶民感情として、マスコミスキャンダルに巻き込まれつつある自分の会社を、何とか立て直そうとして金品を運んだ一人の会社員の行為にある種のやむをえなさを感じるし、さらには少々の同情をすら抱くのにやぶさかではない。それがルールに反するのならば取り締まったり裁いたりすればすむことで、自分に実害が及びもしないのに、騒ぎ立てる気はしない。ともかく、その会社員の土下座までするという惨めな振舞いが、プライベートな次元から公共の電波の次元へと転写された。

この楢崎氏の行為にたいして素朴な嫌悪感をもつのが庶民感情というものであろう。国民の少なからぬ部分もそうした嫌悪を感じたはずである。

だが、そういう庶民感情はマスコミでは一切表現されなかった。マスコミはこれをリクルート騒ぎの火に油を注ぐ絶好のチャンスとして利用するのみであった。いわゆる赤新聞や黄雑誌や俗悪番組のみがそうしたのではない。「社会の木鐸」だの「言論の公器」だのと気取っているジャーナリズムがそれを率先したのだ。

世人も最初の数日間はみたくないものをみてしまったという嫌悪を感じはしたもの

「社会の木鐸」

何が正しくて何が間違っているのかは、すべてお上が決めるとき、木鐸はカラカラと鳴って愚民を覚醒させたという。

の、慣れというのは恐ろしいもので、幾度もそういう暴露キャンペーンに接すると、そういう汚いキャンペーンの方がむしろ自然であるかのように感じられてくる始末である。

この顚末《てんまつ》をみれば、法の精神とかルール意識とかいった次元をはるかに下回って、世人の「感情の次元」においても大きな混乱が生じているといいたくなる。

加えて、マスコミに追及される政治家や経営者や知識人の腰抜けの態度、もっとはっきりいえば女々しき素振りなども暴露され、世人はそれらにたいしても好奇の眼を寄せ、さらには罵倒の声をたくましくしたのであった。一言でいえば、集団リンチの被害者たちの意気地なさと集団リンチの加害者の意地汚さがかつてない規模と深度に及んだのである。

その意味でリクルート事件は、社会風俗という点からみると、私たちがどれほど退屈に苛《さいな》まれているか苛立ちに巻き込まれているか、そしてそのなかで私たちの感情がいかに病んでいるか、ということを赤裸々に示したのであった。

なぜマスコミの途方もない馬鹿騒ぎが何度も繰り返されるのか

マスコミによるルールはずれの馬鹿騒ぎが、もしはじめて起こったというのならば、国民がそれにのっかっていくのもやむをえないこととしなければなるまい。しかし日本の近代史を少々ひもといてみれば、マスコミの馬鹿騒ぎ、そして時たたずしていったい何のための騒ぎだったのか誰もが途方に暮れてしまうような馬鹿騒ぎは幾度も持ち上がっていたのである。

たとえば満州事変のとき、あらゆる新聞が日本軍の進撃に万歳を送った。

私は「反戦」主義者でも「反軍国」主義者でもないので一般的に戦争を悪だといいたいのではないが、ともかく、マスコミが戦争を煽《あお》り立てたのは疑いようのない事実である。あるいは斎藤隆夫代議士が粛軍演説を孤立無援のなかでやったとき、彼を議会から葬り去れと軍人と一緒になって騒いだのもマスコミであった。

このように戦前の歴史をちょっと眺めただけでも、一部軍人の横暴なり策略なりによって戦争が起こったのだとはとうてい思われない。マスコミが戦争の煽動集団として重要な役割を果たし、それに逆らう自由主義者たちを次々と集団リンチにかけ葬っていったという事例は数知れない。そのことについてマスコミはほぼ完全に口をぬぐっている。

戦後とて例外ではない。私自身のことを例にとると、私は二十歳の頃、一九六〇年

「衆愚」

堕落が人間の愚かさにつけいった悪魔のしわざなら、悪魔はどうして大衆にその魔手をのばさずにおいただろう。

の日米安保条約改定に反対する左翼過激派のなかの最若年の指導者として、警察にも捕まり裁判所にも通ったりしていた。その後、私は自分で考え自分で判断することによって、この日米安保条約改定は日本の立場からして正当なものであり、また左翼の理論にも行動にも正当性がないという結論に達した。そのことを文章で表明しもした。

ところで、当時のマスコミも大なり小なり六〇年安保にたいして批判のキャンペーンを展開した。しかし、六〇年安保が日本国家、日本国民にとってはむしろ有益なものであったという歴史的評価が日本社会のなかに定着したあとになっても、マスコミは自分らの言動について反省するところがないのである。

戦後におけるマスコミの過剰報道もしくは歪曲報道については枚挙に暇《いとま》がない。そのことを批判した書物もたくさんある。

たとえば日本軍が三十万人の中国人を虐殺したといういわゆる南京大虐殺事件というのはどうやら捏造《ねつぞう》であるようだ、少なくともその可能性が強いということはもはや否定すべくもない。しかし一部の大新聞は「大虐殺」を批判する方向でキャンペーンをやっておきながら、それが自分たちの過剰報道であったということにはついぞ明確にしていない。そのことを論議の対象にすることとすらしない。

近々の例でいえば、いわゆる教科書問題もそうだ。日本の教科書で「侵略」という表現が「進出」と書き直されているというふうにマスコミが報じた。それがきっかけになって中国政府が日本を批判し、それにたいして日本の大臣が謝罪するというようなことが起こった。その直後、よく調べてみると「侵略」を「進出」と書き改めたという事実はなかったと判明した。にもかかわらず、一部の新聞を除いて、マスコミはそれが自分たちの誤報であったということを認めないである。

その他もろもろ、マスコミが大騒ぎしてみせたが、騒ぎが終わってみると、それが単なる馬鹿騒ぎであったと判明し、しかも情報の捏造まで含めた馬鹿騒ぎであったとわかる、というような事態が累積している。

日本人の文化的退行を端的に示した罪

日本人はそのことをなぜ正確に記憶しないのであろうか。なぜ、こうしたマスコミのいかがわしき来歴を想起しないのであろうか。こういういわば文化的健忘症にかかっているのに、高度情報社会の到来だなど喧伝するわけにはいかない。

なぜなら、単なる情報ではなく、価値や意味を含んだ情報が重要なのだからである。意味・価値を含まない情報、それは単なる記号にすぎない。そして情報がどういう意

「衆愚政治」

国家の計より宰相の愛人問題に興味がある人々によって行われる政治。

味なり価値なりをもっているかを知るためには、過去におけるそれらの蓄積に照らして判断するしかない。

われわれは過去にかんする極度の健忘症に陥っているため、目前を通り過ぎていく情報が目立つとか面白いとかいったような、いわば記号的な刹那《せつな》の刺激だけを期待している。記号とは意味をもたない符号のことであり、そんなものに反応するのはロボットであって人間ではない。

現代社会は「記号による支配」つまり「セミオクラシー」の時代に入ったかのような観を呈している。このことは、日本にかぎらず欧米社会でもいわれている。意味や価値がどんどん流失して、意味・価値を僅かにしか担わない記号だけが私たちの精神に突き刺さっている。たしかにセミオクラシーの時代が到来しつつある、といえなくもないだろう。しかし、私たちにセミオクラシーに身を委《ゆだ》ねるという覚悟があるわけでもないのである。

もしその覚悟があるならば、リクルート事件をめぐって、「濡れ手で粟は許さない」といった種類の、小学校のホームルームで取り交わされるような次元の、小児めいた意味・価値をなぜああまで振り回したのであろうか。

「記号の支配」の時代から抜け出ることができないのだというのならば、もっとテクニカルでもっとファンシーな、たとえば複雑なパロディーを駆使した表現の方法だってあったはずだ。そうした表現能力はわれわれはもっている。

だがわれわれはそうしなかった。セミオクラシーというのはいってみただけのことであって、本当は、意味の次元や価値の宇宙から離れられないのである。そうであるのに、われわれは自分たちの頭で、意味・価値を発見し発明するという努力をなおざりにしてきた。で、古ダンスの古証文をもってきて、「濡れ手で粟は許さない」といったような幼稚な意味・価値のなかに退行したのである。

そういう意味でリクルート事件は、われわれ日本人の文化的退行を端的に示してくれている、おかしいともゆゆしいともいえる大事件なのではあった。表現活動において、符号・記号の役割が高まるにつれ、意味・価値がどんどん粗末になり、ついには戦後民主主義の常套《じょうとう》文句である「反権力」が空語と知りつつ叫ばれるに至ったのだ。

政治家や経営者のように比較的に高い社会的地位に就いているもののいかがわしさとあらば、マスコミ人士および彼らに加担する知識人たちは、自分らのいかがわしいことは棚に上げて、それら権力者を血祭りに挙げようと奔走した。権力者のいかがわしさは、たとえ既存のルールに収まるものであっても、集団リンチの対象にされた。そこでみられたのは、反権力をそれ自体として善だとみなす俗流民主主義の感情論で

「自由主義哲学」

他人の自由を抑圧する自由などない、という自由の制限をみつけた哲学。

ある。おまけに集団リンチの参加者たちは、自分らの生活においては、権力に追従《ついしょう》や迎合をたくましくしている連中ときているのだ。

のぞき見趣味を正当化するために動員された民主主義や平等主義

そこで次に「濡れ手で粟」とはどういうことなのか考えてみよう。

政治家や経営者の所得が、この言葉によってしつこく批判されつづけている。人々が食うや食わずの状態にあるのなら、「あの粟があれば娘を女郎にたたき売らずにすんだ」というような感情論にも切実さが宿る。しかし、「飽食の時代」にあっての「濡れ手で粟」はとうてい真実のものとは思われない。

いやその真実は大衆の嫉妬に根差している。いや嫉妬ですらないのかもしれない。リクルート事件に関しては嫉妬のような強い感情はみられなかった。それはむしろ、他人のありうべきいかがわしさにたいする好奇心にすぎなかったのではないか。自分のところへくるはずもない株の行く方にたいして嫉妬のような強い感情をもてるわけがない。

おそらくこのリクルート騒ぎの背景には、自分のピーピングトム、つまりのぞき見趣味を正当化するために平等主義や民主主義を動員する、という大衆の自己正当化の動機が働いていたのではないか。

垣根ごしにのぞき見て騒ぎ立てる行為が、悪代官の悪政にたいして一揆で向かっていった百姓たちの行為よりも下卑た行為であることはいうまでもないであろう。見逃しにできないのは、こうした愚かしい騒ぎにまぎれて情報社会の堕落を物語るグロテスクな事態が進行したということである。

実名公表問題がそれだ。マスコミは、リクルート関係者の実名を挙げて、彼らをダーティだとして指弾するキャンペーンを続けた。国民もそれにオウム返しに反応して、それらの実名を声高に繰り返した。かつてナチスがやったように、「大声で繰り返す」ことによって集団心理が形成されたのである。そして、ロッキードのときも同じだが、騒ぎが一応終息してしまうと、今度は公判開始や判決などの機会に、またぞろ話を蒸し返し、弾劾キャンペーンを繰り返す。国民もその都度キャンペーンに乗っていく。これはもうほとんど情報社会のメカニズムといってよいほどの定型化されたプロセスである。

実際、平成元年の年末にリクルートの公判が開始されるや、大報道がはじまった。その報道の意味内容はまったく希薄なのだが、国民が大報道に乗っていくという仕組

「集団リンチ」

私刑に集団という文字がついたからには、集団でなければ行えない私刑なのであろう。

みだけはしっかりと独り歩きしているのである。

マスコミの大衆路線といわれているものの内容が、カネ、イロ、ノゾキでしかないというのは衆知のことではある。それは精神汚染の拡散にほかならず、しかも汚染はますます低次元へと落ちていく。

リクルート騒ぎにおけるカネ、政治家の女性スキャンダルにおける女、それらをピーピングトムした結果を実名を挙げつつ誇らしげに公表するマスコミ、この二年間の騒ぎを総括してみれば、要するにこういうことだったのだ。

日本人に擬態民主主義を植えつけた日教組教育

マスコミ人士が卑《いや》しい人格の持ち主だとまでは断言しない。彼らは自分らの大衆路線が精神汚染をもたらすであろうことを懸念《けねん》して、大義名分を求めもしたのである。その大義名分がたとえばリクルートではカネをめぐる平等主義、女性スキャンダルでは女をめぐる人権主義なのであった。つまり民主主義的観念体系における常套文句がまたしても使用されたわけである。

私たちの眼前にあるのは、民主主義にたいするシュミラクールつまり「擬態」であり「振り」なのではないか。私たちの関心はノゾキでしかないのに、それに平等主義の振付がほどこされるということである。

偽装民主主義が私たちの精神に覆いかぶさっている。また、民主主義そのものの本質の一部として「擬態」があるというふうにいってもよい。民衆が主権をもちうるほどに優秀な存在だとみなすことは、いってみれば、人間が神の擬態をやっていることにほかならない。

デモクラシーの発足と同時にプラトンたちがその衆愚政治への転落を心配したのはそのためである。トックビルが「多数者の専制」としてのデモクラシーによる個性の圧殺を憂えたのもそのためである。

この民主主義に内在する擬態という要素が戦後日本においてどうしてこうまで無視されるに至ったかについてはいくつもの理由があるが、率直にいって、教育の効果を第一に挙げるべきであろう。

いわゆる日教組教育といわれる民主教育を文字通り信じ、型通りに受け入れている日本人はかならずしも多いとはいえない。多くの日本人が民主教育のなかで吐かれる平和、平等、福祉といった類いの美辞麗句にたいして空々しさを感じている。しかし、小、中、高、大学、合わせて十六年という長期にわたってその種の空文句を頭に詰め

「正気」

狂気を見破ることのできる精神。正気でありたいと願わずにはいられない知的安定。

込まれ、それに応じて試験が行われ、試験の成績に応じてそれぞれの人生が可能性が定まるという民主主義的な言語システムに日本人は慣れ親しんでしまった。それゆえ、擬態民主主義に沿っているかぎり人生を無難に過ごすことができ、ときとして褒賞すら与えられるといういわば精神的パブロフ反射運動が身についてしまったのではないか。

新聞記者こそそうした反射運動の達人である。彼らはなんらか激しい感情をもって権力者のいかがわしさを批判しているのではない。ただ、民主主義的な言語体系にもとづいて権力者のいかがわしさを批判しておけば、それだけで、記事としては無難であるのみならず販売部数も伸長していくということをわきまえているのだ。

マスコミを幾重にもおおう紋切型の文体

たとえば、ある酒場でマスコミ関係者四人ばかりに誘われて酒席を同じくしたことがある。

マスコミ関係者Ａ「西部さん、私たち社会党支持です。社会党政権の誕生を望んでいます」

私「それは結構ですが、どういう理由で社会党を支持なさるんですか」
B「西部さんも昔左翼をやっていたから知っているでしょうが、今のソ連を見てもわかるように一党独裁はいけませんよ、一党独裁は！」
私「それはよくないですが、ソ連の場合は共産党以外の存在を許さず、国民にも投票させないというかたちでの一党独裁ですし、自民党の場合は国民が投票した結果の長期安定政権です。ちょっと違うんじゃないかな、というより全然違うんじゃないかな。〝自民党の一党支配打倒〟と叫ぶことは、〝国民打倒〟と叫ぶのと同じことになりますよ」
C「そんなことといったって、単独はよくないよ、単独は」
私「たしかに単独はいいとはいえませんね。ところで皆さんにはお子さんがおられるでしょう。子供が単独の友人しかもっていないと、人格上の歪みも出るかもしれないから、複数の友人をもってほしいと思う親の気持ちはよくわかります。しかし息子の二番めの友達がスリとかカッパライだとしたら、複数だからいい、とはいえませんでしょう。社会党はいい政党だということを積極的にいわずに、単独反対だけではちょっと弱い議論ですよ」
C「ともかく初体験はいいもんなんです。社会党政権を初体験として迎えようじゃあ

「象徴と世俗」

人がもしあらゆる欲望にさいなまれつつ世俗の汚濁にまみれていたいのなら、どうして世俗の人は象徴というムダな言葉を編み出したのだろう。

りませんか」
私「……ところで皆さん、オカマをほられたことがありますか。私もありませんがね。この店を一歩出るとオカマバーがたくさんあります。でも僕は初体験をしにいこうとは思わないなあ」

こんな酒場の会話それ自体はどうでもいいことであるが、ここで指摘したいのは、一流のジャーナリストと目されている人々が、一党独裁反対、単独政権反対、初体験歓迎といった種類の、聞こえはいいが、ちょっと思考をはたらかせれば何の意味もない言葉だけを頼りにして、日本政治にかんする自分たちの判断を組み立てているという事実である。

これらの言葉を紋切型の文体というのなら、紋切型は少なくないどころではない。マスコミを幾重にもおおっているのがこの種の紋切型文体なのである。

いつぞやある大学で助手が学部長を惨殺するという事件があったとき、各紙の見出しに「衝撃、キャンパスを走る」とあった。ちょうど夏休みの時期であった。大学の教師であったことのある私は、夏休みのキャンパスがいかに閑散としているかをよく知っている。あの静かなキャンパスのなかを、いかにすれば「衝撃が走る」のか、私には想像がつかない。

さらにいうと、紋切型も文法的に正しく表現されていればまだ救いはあるのだが、ときとして間違った紋切型すらみられる。これはかなり前の話だが、ある新聞に「埼玉県議会、みだらな決定」という見出しが載った。私は埼玉県議会がポルノの解禁でも決議したのかと本文を読んでみると、本文にも「みだらな決定」と表現されている。ところが内容は「みだりな決定」ということなのだ。つまり昨日決めたことを今日覆し、また明日には逆の決定を下そうとしているというふうに決定が二転三転にしたことにかんする報道なのだ。「みだり」と「みだら」の区別すらできないような新聞記者もいるのである。

もう一つ。つい最近、リクルート裁判がはじまったとき、ある被告の大きな写真が掲載されており、その下に「不安気な、緊張した顔」というキャプションがついている。しかしその写真の人物は恰幅《かっぷく》よく傲然《ごうぜん》とあごを上げていて、どうみても不安気ではないし、緊張している様子でもない。

要するに、裁判所に入る被告の顔は不安気で緊張していなければならない、という紋切型が繰り返されてるだけのことなのだ。またそうしたキャプションをつけることによって、その被告は自分の罪に脅《おび》えているということをほのめかし、かくして犯罪は実在するという予断を読者に与えようとしているのである。

「小児病」

ひとつの観念世界にのみ生きようとするとき、愚者は小児的退行をもってその観念世界に安住の地を求めようとするものである。

次に、もう少し具体的な論点にふれてみよう。

歪曲し堕落した世論調査の惨状

とくに目立つのは、大報道を回転させていく潤滑油として、各マスコミが世論調査なるものを最大限に利用しているという点である。「濡れ手で粟をけしからんと思っている人八五パーセント、消費税を悪税だと思っている人七〇パーセント……」といったような数字が紙面に躍り、画面に浮かぶ。

すでに述べたように、世論そのものが常に正しいものとはかぎらない。のみならず、世論は大いに歪曲し堕落するものであるということをおさえておくのがよき民主主義のための根本条件である。しかし、ここではそのことにこだわらないとして、世論調査それ自体のうちに含まれる詐術、歪曲を指摘してみたい。

まず多くの場合、各社の世論調査にあって標本数がいくつであるのか、標本の基本的性格はどんなものであるのか、明示されていない。いや、示唆《しさ》されてすらいない。身の回りの五十人に聞いたのか、何十万という調査表を無差別に配布して回答を集計したものであるのか、あるいは学生アルバイターでも使って電話で意見聴取した結果であるのか、ということなどがあきらかにされない。ともかく、調査の結果はすべて「国民」の世論となるのである。

しかも、これは世論調査一般にいえることであるが、クエッショネアー(質問事項)の表現のされ方にもマスコミの作為が大いにはたらかされているのだ。

たとえばリクルート献金リストなる真偽の定かならぬ文書を部分公開し、関係者は総勢で百五十人にのぼるということをスキャンダラスに何週間も報道したあとで、「リクルート関係者をどう思いますか、いかがわしいと思いますか、それとも見逃しにすべきだと思いますか……」という質問を発する。当然ながら「いかがわしい」という回答が圧倒的大多数となる。

もし、「確なる証拠もないのに実名を挙げて他人を批判するのは、いかがわしいと思いますか、それとも結構なことと思いますか……」というふうに問えば、やはり「いかがわしい」という回答が多くなるであろう。質問がどういうコンテクストのなかでなされるか、そして質問のターゲットがどこに向けられているか、といったようなことが世論調査の結果を大きく左右するわけである。

世論調査においてマスコミのなしている詐術は数え上げたら切りがない。これは私の伝聞であるから確言はしないが、学生アルバイターを使った世論調査の場合には、

「情報操作」

媒体がつたえるわかりやすい情報はすべてその媒体にとって都合の悪い情報を故意に排除したところに成り立つ。

学生たちが喫茶店で国民になり代わって回答を記しているという例さえあると聞く。

大小様々なテクニックを交えながら、マスコミが狙っているのは次のことであろう。世論を一定段階まで煽動したあとで、その効果を追認するために世論調査の結果を発表し、それを契機にして、いっそう煽動を強めていくということである。これにテレビの効果まで含めると、事態はまさに惨状である。

ニュースキャスターなるものがふんだんに用いるのはムードである。気分や感情を、まったく曖昧な表現で、しかし決定的な方向性をもった言葉で表現するというやり方である。

たとえば、竹下元首相が「リクルート問題、まあこういうことはいいとは、いえんわなあ」というムードだらけの表現でマスコミに対応したことがあるが、マスコミも「まあこういうことはいいとはいえないでしょうね」という感想を報道の最後に挿入するのである。結局、視聴者は「いいとはいえないことが起こっている」という印象をもたされてしまう。

リクルート関係者について、ルールに違反するもの、収まるもの、すれすれのものという区別があるのだということを明確にするようなテレビ報道はまずない。膨大な数の視聴者に茫漠《ぼうばく》たるムードが与えるというのがテレビの主たる役割のようである。

あらゆる事象が「まあ、こういうこと」にくくられ、あらゆる評価が「いいとはいえない」にまとめられるのだ。

あたかも天の声であるかのように見せかける匿名《とくめい》記事の意図

世論調査で足りなければ、識者の意見もしくは読者の意見といったようなものを記載することによって、マスコミは自分らの煽動が世論と合致しているということを強く印象づけようとする。

投稿者の場合にしても、その新聞の論調におおよそ合うような文章を投稿してくる、それが現実である。マスコミを批判するような投稿が載せられることがあるとしても、それは、マスコミが公正中立な立場で世論に接しているということを偽装するためのものである。実際、分量としても、その種のマスコミ批判は百分の一程度にすぎないのではないだろうか。

識者とやらにしても然りである。たとえば、真剣な言論の舞台ではとうに発言力や説得力を失っているいわゆる進歩的文化人あたりが、「識者の意見」の発表機会を多く与えられるといった次第である。なぜなら、彼らがマスコミ迎合的な発言をしてく

「庶民感情」

十分な判断材料を与えられないとき庶民は賢明にも意見を保留する。
保留しないのが国民感情、あるいは世論。

れるからである。

誘導もしくは捏造された世論を背景にしてマスコミ世論を作り上げるというやり方をさらに強化するのは、日本のマスコミにおける「匿名」の方式である。つまり、新聞記事には記者の署名がないということである。

匿名は二重の効果をもつ。一つに、それを執筆している記者が個別に責任をとらなくていい。つまり、たとえ間違った意見を発表したとしても、それを書いたものの人格がけっして批判されることのないようマスコミは自己防衛しているわけだ。

しかしそれ以上に重要なもう一つの効果は、匿名にすることによって、その文章があたかも「天声人語」であるかのように見せかけることができるということである。つまり、署名をもたない天の声を、ということは国民の一般の声を、国民になり代わって新聞記者が代筆したにすぎないというかたちをとるのである。

読者の方は、新聞記者が記者個人の個別の意見であるとは受けとらない。個人の意見ではないから反論は許されず、さらには天の声であるかのように言われているために反論することが罪であるかのように思われる。そういう漠たる印象が与えられる。つまり匿名はマスコミの無責任の表われであると同時にマスコミの傲慢の条件でもあるのである。

また記事の無責任さを強化するものとして、記者クラブ制度が機能している。政界、財界、官界の中枢部には記者クラブが設けられていて、そこに各紙記者が寄り集う。また各界は、自分たちのことをよく報道してもらいたいと考えてのことだろう、様々な便宜を記者クラブに与えている。

記者クラブでは、お互いが特ダネというかたちで他人を出し抜かないでおこうという談合が行われている。さらに所与のタネをどういう水準およびどういう方向で扱うかということについてのゆるい談合も行われる。

たとえば、佐藤栄作元首相が退陣発表をするとき、「テレビは実況であるから信頼できるが、新聞記者は退場してくれ」といったことがある。その文句の正当性はともかく、ある記者が「じゃあ退場しよう」と叫ぶやいなや、他社のすべての記者がそれに従ってその会見を退いた。

どうして、一人でもいいから記者が立ち上がり、佐藤栄作氏の発言にたいして堂々と抗議し、新聞記者を排除することの不当性について訴え、佐藤氏の退陣の姿を記事にすべく努力をしなかったのだろう。

彼らは、取材対象にたいする関心よりも、記者クラブの統制に服することを選んだのだと批判されても致し方あるまい。

「知る権利」

本来権利というなら「知られたくないことを隠す」権利というべきである。

この一致団結の振舞いはおそらく記者クラブにおける長年の談合の成果なのであろう。

日本のマスコミがモノトーン、モノカラーに塗り上げられるのはどうしてなのか、という疑問が外人から寄せられることがあるが、それは、記者クラブにおける情報の相互交換そして情報の相互規制のおかげなのだと思われる。

マスコミの姿勢こそ国民蔑視の思想の裏返しだ

私のような人間は、かなり幼にして、新聞に書かれていることとテレビで喋られていることはウソかホントかのどちらかであるから、またはウソとホントの混合であるから、自分の肌で感じ自分の頭で考えようとする習慣ができた。しかし残念ながら、多くの日本人は、マスコミが唯一の情報源であるとあきらめているだけでなく、マスコミが自分を律してくれる唯一の価値基準であると頼りにしているのである。

国民は、マスコミが自分の代わりにものを考えてくれている、ものを表現してくれている、と受け取っている。

しかしより厳密にいうと、国民は自分たちに何らかの考えがあって、その代弁をマスコミがしてくれている、とみなしているのではない。自分たちはおおよそ無であって、その無の器にマスコミが感情や思想や理論を注入してくれることを待ち望んでいるのであろう。

これはあきらかに衆愚の姿である。そして私が、国民のマスコミにたいする対応を衆愚の振舞いであると指摘するや、マスコミ人士を含め知識人たちは、私の指摘が国民蔑視でありエリート主義でありファシズムであるとすらいう。

これは、まったく逆なのだ。もしも私が国民を全き衆愚とみなしているのなら、衆愚に向かって衆愚だと指摘するようなことは衆愚以上の愚だということになろう。私は善良にも国民を信頼しており、彼らの振舞いを衆愚のものだと指摘しつづければ、いずれ、彼らが衆愚の姿をかなぐり捨てることもあるだろうと期待している。

現に私自身にそれを期待している。つまり私は、おのれが衆愚の一人であるかもしれないという自己懐疑を自分に差し向けることによって、自分が衆愚の群れから抜け出られることもあるだろうと期待しているわけである。

それに反して、世論の名において語るマスコミこそが、国民を衆愚とみなしているのだ。国民は頭がタブラサつまり「白紙」の状態にあるのであり、その白紙の上にマスコミは手前勝手な言葉を印刷することができると思っているのである。マスコミ

「神聖不可侵」

人間の精神が、侵すべからざる領域をもってかろうじて正気を維持しているのであれば、世に侵すべからざる領域があってこそ正気が保たれていて何の不思議があろう。

の国民迎合の姿勢こそ国民蔑視の思想の裏返しなのである。

このことは、最近の具体的経緯を追うまでもなく、もっと多くマスコミの歴史的推移を眺めればすぐ明瞭になるはずだ。

たとえば、戦争の時代において、中国人を殺戮した日本軍人を称賛して「あっぱれ百人斬り」という記事を書いた新聞が、敗戦の直後から百八十度転換し、人道主義や平和主義の煽動者になり変わる。こんなことに満ちているのがマスコミ史というものだ。

思想の変遷は歴史の常であるとしても、その変遷の意味をあきらかにしないのでは思想とすらいえない。それは国民蔑視の戯言の歴史であり、そんなマスコミ史を刻してしまうのはマスコミ人士の自己蔑視だというしかない。

マスコミにはびこる過剰反省という悪癖

こうしたマスコミの文体を少々分析してみれば、おおよそ次のようになるであろう。

彼らは観念や概念というものにたいして二者択一の短絡を犯す。たとえば、軍人を信ずるか疑うかという二者択一をなし、戦前においては信の方を選んだ。信の過剰はいずれ軽信へと達し、軍人のなすことは百人斬りであろうとも称賛さるべき行いとされる。しかしその軽信のきわみにおいて逆転が起こり、次に軍人にたいして疑念を向けることになる。それは次第に疑の過剰をもたらし、軍人にたいする軽蔑にまで転落する。その結果、国を守る軍人にたいして、税金泥棒という罵倒《ばとう》を浴びせかけもするのである。

この信から疑への逆転のなかで、過剰な反省が行われるということも指摘しておくべきであろう。昨日まで軍隊を礼讃していたおのれの短絡的な振舞いを反省して、今度は過剰な批判を浴びせかける。それが、過ぐる戦争を例にとれば、「一億総懺悔《ざんげ》」ということになる。マスコミがこの懺悔を率先し、ついには国民に懺悔を強要するに至る。

この過剰反省の悪癖は今も健在である。たとえば天皇報道をめぐって、マスコミは御病気報道を過剰にやりまくった。その極点で、皇居の前で何日間も新聞社の車の中で不眠不休に陥る。いざというときを待っている新聞記者たちが疲労困憊に達すると、自分たちはなぜこういうことをしなければならないのかという自戒の念が不意に立ち込め、自分らのなした過剰報道にたいする批判を自分でやりはじめる。

つまり過剰性がマスコミ大報道の本質なのである。

「深層と表層の構造的限界」

中庸とは、深層と表層の周縁にたたずむ態度である。故に中庸の人は狂気にさいなまれずにすむ唯一の人になれるのだ。

ついでにいえば、朝日新聞による西表島《いりおもて》のいわゆる「サンゴ事件」も、過剰反省の一例といってよいであろう。

この問題をめぐって朝日新聞の社長が辞任した。この辞任劇には、二重の意味がある。たかだか一カメラマンの小さな捏造《ねつぞう》事件にかんして、社長が退陣するというのはあきらかに過剰反省であり、世間からの批判にたいする過剰適応である。

しかし、この過剰反省をやることによって、新聞社は自己正当化を図ろうともしたのである。つまり、こんなちっぽけな事件についてすらこのように大きな反省をするのですから、ほかに捏造をいたしておりません、という印象を読者に与えようとしたのであり、また、この作戦はみごとに功を奏した。朝日新聞社はいさぎよい、潔癖であるという印象を残すことにおおよそ成功したのである。

多くの国民は「文明の小児病」にかかっている

この過剰性を、少し視点を変えて、現代思想の問題として論じてみよう。

現代思想の本質はバタイユの「蕩尽《とうじん》の理論」に端的にみられる。人間には性の衝動さらには死の衝動のような過剰な欲望がうごめいている、とするような人間観が次第にポピュラーなものとなりつつあるのである。

フロイドも同様であって、彼はイドという激しい性衝動めいたものが人間精神の奥底にうずくまっていると考えた。フロイドの場合には、超自我というかたちでイドを文化的に抑制するという一線を守ろうとしたのだが、今世紀の後半において流布されている思想の基本線は、この過剰な欲望を解放しようということなのであった。

またしてもヒューマニズムである。人間において生起することはまずもって正当とされるのである。そしてこの過剰な欲望の根源をたずねていった結果、その過剰性とはまさに言語（記号）における過剰性のことだということになった。

つまり、人間の記号能力の根源には差異化、多様性を不断に生み出すポテンシャルがわだかまっているのであり、この過剰なる記号の「力」に身を委ねるしかないのが人間の宿命である、というふうにして「欲望の解放論」が唱えられはじめたわけである。

私ならば、人間の根源的過剰性を認めはするが、他の動物と比べて人間においてもっとも過剰なものは、価値・意味への願望であるといいたい。しかしながら現代思想は、価値・意味の破壊するニヒリズムを志向しているので、価値・意味以外のものについてのみ、果てしなく過剰性を求め、それを実現しようと努めるのである。

「神道」

教義や偶像をもたない神道は、神話世界を伝承しながら仏教やキリスト教をみとめるという日本人独自のおおらかにしておおまかな宗教的気分をつくり出している。

その結果、人間にとって本源的な、宿命とも特権ともいうべき、価値・意味への探求はどんどん貧血化した。価値・意味から遠ざかる記号の差異化ならばとめどなく多様なものが分岐してくる。これがすでに述べたセミオクラシーをもたらすのである。

もちろん人間が価値や意味から完全に自由になることなどできない相談である。が、旧式で凡庸《ぼんよう》なる民主主義的価値・意味に擬態を示すことによってなんとかこの「相談」をまとめ、あとは記号の差異化に任せよう、それが現代思想というものなのだ。

マスコミの文体はこの現代思想にピッタリと符号が合っている。また、読者や視聴者の気分や思考も現代思想に沿っているのであってみれば、価値・意味以外のものにおける過剰性というマスコミのメカニズムが拡大し発散していくようにみえるのである。

多くの国民は二者択一的の短絡した文体の方がわかりやすいとみなす。「感情・思考の節約」の見地から、マスコミの文体を好むのである。文明の成熟とは、二者択一を選ばずに信と疑のあいだの平衡さらには総合をめざして、文体を研磨することであろう。こういう努力を避けようとすることがピュエリリズムつまり「文明の小児病」にほかならない。

軍国主義と同じように商売の種になるのが偽装民主主義だ

さて、偽装民主主義を日々演じているマスコミ人士は、自分らの所業に絶望するということはないのであろうか。もちろん彼らは絶望している。価値・意味の破壊の上に希望があるわけもないからである。

しかし、彼らの絶望を隠蔽《いんぺい》してくれる便利な衣裳があることも確かだ。それは「商業の成功」という基準である。販売部数が伸びること、視聴率が高まること、それが彼らにいっときの安心を与えるというわけである。

ことここに至れば、やはり、マスコミ関係者と人格的なレベルにおいて論争するよりはない。

私の個人的体験で述べると、何人かの比較的幹部クラスのマスコミ関係者と議論をしたことがある。そこで私はマスコミの馬鹿騒ぎについていささか激しく指摘させてもらった。それにたいする彼らの最終回答は、「われわれも商売である。他者と競争しながら売上げを伸ばさなければならないわれわれビジネスの苦労をあなたのような評論家にわかるわけがない」というものであった。それはそのとおりなのだ。

ただ私が指摘したいのは、彼らも、東大、早稲田、慶応といったいわゆる一流大学

「進歩主義」

どこへ向かって進歩するのか、マルクス主義者なら革命とその破産に向かう足どりを進歩と呼ぶであろう。

を卒業して就職するときに、売上げだけが自分の仕事の究極の基準である、と考えてジャーナリストになったわけではなかろうということにすぎない。ジャーナリズムの言論をつうじて、なんらかの徳に少しでも近づきたいという気持ちがいかほどかあって、そういう職業を選んだはずである。儲けということだけが問題ならば、もっと多くの収入を得ることのできる職種もあろうというものだ。

もちろん現在の新聞は、この好景気のなかで、そして次々と新製品が表れるというイノベーションのなかで、主に広告代金をつうじて、大きな利益を上げているらしい。リクルートにたいするマスコミの異常な攻撃も、新聞の求人広告の儲けがリクルートの「就職情報」によって邪魔されたということにたいする腹いせがあったともいわれている。

いずれにしてもマスコミは、偽装民主主義が大きな商売の種になるということを発見したのだ。かつて、軍国主義が商売の種になるのを発見したのと同じように。

偽装民主主義を商売の種とするダーティーなやり方を端的に示すのは、消費税実施の直前に行われた新聞代金の値上げである。消費税実施に先んじて値上げすることにより、自分たちの値上げは消費税とは無関係であるという立場をまず獲得したわけだ。そのあとでマスコミは一斉に反消費税キャンペーンに入ったのである。

国民はそのごまかしを薄々は知ってはいた。しかし、当然ながら新聞にもテレビにもそのごまかしを非難する声が一度も発表されないとなると、国民はそのごまかしを遅かれ早かれ忘れてしまう。こうした国民の健忘症を見込んだ上でマスコミのごまかし作戦は行われたのであり、これまた国民蔑視の態度というほかない。

彼らのごまかし作戦の例はほかにもたくさんあるが、面白い話題としては新聞拡張員のことがある。よく知られているように、拡張員が各戸を訪問し、その留守に当たったときに、コソ泥その他の小犯罪をやるという例が少なくない。しかしそのことについての報道は一度も見かけたことがない。公務員の五万円の賭けマージャンについては報道されることがあっても、自分の商売に関係する犯罪は闇から闇に葬り去られる。

この調子でいけば、難民問題についても、新聞が自分の商売のことを勘案した上で、キャンペーンを張るだろうことは大いにありそうなことだ。つまり、日本人の新聞配達員の確保が難しくなり、これが新聞の商売にとって致命的な障害となりつつある。そして現に中国人たちが外国人が新聞配達に参入しはじめている。

九〇年代のいずれかの時期に、不法滞在の外国人によらなければ新聞の配達がなされえないという状況が起こるかもしれない。そのときマスコミは、みずからの利益の

「政教分離」

本来の政治、つまりまつりごと(祭政)と選挙向けの政治はまったくちがうという意味においては、政教分離は言いえて妙なのだ。

ために、外国人の不法滞在にたいする批判キャンペーンを中止するであろう。また自己の利益のために、国家や文化の存続・安定ということへの配慮を投げ捨てて、難民の受け入れを過剰に擁護するということになるであろう。

「濡れ手で粟」は大新聞社こそ得意としてきた手口だ

記事の内容においてもごまかしの作戦が多々とられていることは知る人ぞ知る事実といえる。つまり記事の捏造《ねつぞう》ということである。捏造にもいろいろ種類があるが、一つはいうまでもなく故意の捏造である。

有名なのは一九五〇年のいわゆる伊藤律会見報道というやつである。これはマスコミの商業主義によってもたらされた特ダネ志向の帰結にほかならぬのであって、ついに特ダネが捏造されるに至ったわけである。最近では、前述した西表島サンゴ礁における一人のカメラマンの振舞いもこうした特ダネ志向の産物に違いない。ついでまでに、これらの双方とも朝日新聞紙上でなされた捏造である。

しかしこうした故意の捏造は、それにたいする反証を一つか二つ挙げればすぐ暴露されるという意味で、むしろ罪が軽いといってもいいであろう。より罪が重いのは、半ば無意識の捏造である。つまり偽装民主主義の観念枠組のなかでいわば自動性めいた偏見のはたらきに従ってなされる偽造である。

たとえば、すでに言及した事例ではあるが、いわゆる教科書問題がその典型である。これは記者クラブにおける一新聞記者の誤報からはじまった。つまり、日本の中国への「侵略」と書いてあったこれまでの教科書の記述が「進出」と書き改められたとある記者が記者クラブに伝え、それが大報道となってしまったわけだ。ところが、よく調べてみると、侵略を進出と書き改めたという事実は一切存在しなかった。

これが故意の捏造であるとまでは私は思わない。ただ、偽装民主主義の観念枠が確立されてしまっているために、実際に取材し検証する努力をしないままに、侵略を進出と書き改めたというのは確かであろうとする思い込みがマスコミ全体に広がり、そしてそれをわざわざ中国政府に知らせにいく連中まで現われるという結果になったのであろう。

ともかくそれが誤報であることがわかるや、サンケイ新聞はただちに取消記事を載せたものの、他紙については、少なくとも読者に伝わるようなかたちでの取消や謝罪は行われていないのである。

私の知るかぎり、いわゆる南京大虐殺事件についてもそうである。たとえば煙幕の

「政治的賢明」

からだにあわせて服を買うような当たり前のことである。最良だが誰も自慢などしない。しかし、失敗するととり返しがつかない。

写真が毒ガスの写真であると報道されたこともある。これも故意の捏造による報道ではないのであって、平和主義や反軍国主義の観念枠にとらわれているために、当時の毒ガスはこの写真におけるように空中に舞い昇るものではなく地表を這うものであるという単純な事実をすら調べてみる必要が認識されなかったのであろう。

彼らはおのれの観念の枠組にたいして、批判や懐疑を向けることはしないのだ。個々のジャーナリストはそうした作業をひそかにやっているのかもしれないが、それがマスコミの表面にまで出てくるにはまだ時間がかかるようである。

それどころか、誤報であったことを認めてしまうと、自分らの観念の枠組が揺らいでしまうものだから、知らぬ顔の半兵衛を決め込む。ここまでくると、立派に故意の捏造行為ということになるわけである。

新聞のごまかしについてもう一、二例を示せば、まず「濡れ手で粟」こそ大新聞社が得意としてきた手口だということである。

ほとんどすべての大新聞社が、とくに田中角栄氏が首相であった時期を中心にして、巨大な国有地の払い下げを受けている。その総額は、現在の時価に換算してどれくらいになるのか、ともかく気の遠くなるような巨額であることは間違いない。

リクルート事件をめぐって政治家や経営者の「濡れ手で粟」に大批判が加えられた

わけであるが、リクルートが合法、不法をとりまぜてばらまいた金品の総額は、せいぜいが二、三十億円であろう。しかし、新聞社が国有地の払下げで得た利益とくらべれば、そんなものは端《はし》た金にすぎない。よくこれで他者の「濡れ手で粟」批判ができるものだと呆れるしかない。

また私自身は、自由経済にあっては企業が価格づけの自由を有するのであるから、いわゆる「便乗値上げ」を批判するのは大きな見当違いと考えている。しかし、マスコミは、まるで低価格制を復活させせんとするような勢いで、便乗値上げを批判した。その批判を心ゆくまで繰り広げるためには、消費税の事前にひそかに新聞代の便乗値上げをやっておく必要があったわけだ。

これらのごまかしに世人はうすうす気づいているのだが、マスコミによって取り沙汰されない以上、いずれそのことは忘れてしまう。というより、その忘却を見込んだ上で、マスコミはごまかしをやるのである。

「性善説」

人間は生まれながらにしてすべて善だというのなら、悪を為すものは人間ではないということになる。

《3》個人主義の大ウソ

言論にとっての最低の義務を放棄している「マドンナ候補」

マスコミのふしだらさはほとんど惨状といってよい姿をさらしている。そのすべてについて言及する余裕はないので、比較的大きな話題として、消費税反対の騒ぎを取り上げてみよう。

私は、中曽根内閣のときの売上税を含め、新たな間接税の創設によるいわゆる「直間比率の是正」にたいして反対するものたちを心底から軽蔑してきた。

なぜ日本人はよく知らないことについて、よく考えていないことについて発言をたくましくするのだろう。たしかに大声で言挙《ことあげ》をする必要が日本人にはあるだろう。国際社会のなかで、日本人は自分の感情や思考を明確に述べない、自分の理念や目標を明確に語らないとして気味悪がられている。自分の思うところを臆することなく表現することそれ自体は、日本人にとって、今後ますます重要な課題になるであろう。

だが、消費税反対騒ぎでみられた言動は、知らないことについて知っているかのように、考えたことのないことについて考えたかのようにいいつのるという意味での偽の言挙なのであった。売上税以来、税制論議は偽の言挙のなかに放り込まれたまま三

「生命尊重」

生命が何よりも大事なのなら、生命を超えた価値は一切存在しないということになってしまう。

年が経過しているのである。

これもフィルムを逆戻ししてみるとよくわかる。

私はテレビで次のような場面に出くわしたことがある。ある女性が消費税のことを直接税だと思っている、ついでに所得税を間接税だと思っている。これはなかなかに笑える解釈で、消費税は買い物をしたときに直接払わされるから直接税であり、所得税は銀行振込みのかたちで天引されるものだから間接税だというのである。

ちなみに私の好みは、税金にはさして関心がなく、直間比率という言葉なんか聞いたこともないというタイプの女性たちである。したがって、このテレビで喋った女性の税制にかんする知識不足をわらう気は私にはない。

しかし、ひとたび言挙をするのなら、まして公の場でそれをするのなら、自分の用いる言葉の意味くらいは知っておいてもらいたい、知らないなら考えてもらいたい。消費税に反対するからには、ましてその反対を公言するからには、直接税や間接税という言葉の意味するところを理解しておくのは、言論にとっての最低の義務である。そういう義務を放棄し、自分流の勝手な判断で言葉を使うのは自由というよりも放縦である。

税制論議が二年も続いているのに、マスコミにはその手の下等な言葉遣いが氾濫し

「世俗と超越」

世俗にあって、そこで根源的な希望的見地を見いだそうとするとき、ひとは超越せねばなるまい。

ている。それもそのはず、消費税反対を叫んで当選した社会党のいわゆる「マドンナ候補」が、記者会見で直間比率のことを聞かれ、「直間比率って何のこと、私がモノを知らないからって、私のことを馬鹿にして」と抗議する御時世なのである。

現行の消費税が完璧なものだとはいわないが、基本ラインとして、それがおおよそ首肯しうるものだということは、まともな大人ならば十分間あれば、了解できることだ。まして日本社会はビジネス社会、金勘定の社会だといわれている。金銭の収支に慣れ親しんでいるものならば、消費税の正当性を認めざるをえないであろう。

日本人のみせかけの個人主義から悪平等が生まれる

その理由はといえば、第一に、個人所得税がサラリーマンにたいし決定的な不公平を四十年間も与えつづけてきたことはもう歴然としている。サラリーマンだけが所得を十割捕捉され、他の職種の人々は五割、三割、そして一割といった具合になっている。つまり他の職種の人々は大幅な脱税を公認されているわけだ。

私は徳義漢ではないので、脱税を全国的に取り締まるために税務署員を盛大に増やせというようなことはいわない。また税務官僚国家を作ってよいわけがない。ただ、

「セミオクラシー」

悲しいから泣くのではなく、泣くことは悲しいからだという記号的秩序があるので、たまたま泣くとすごく悲しくなる。

「法の前の平等」という当然の前提からして、サラリーマンだけが脱税を認められないのは不当であるに決まっている。それゆえ税収全体に占める個人所得税の割合を減らすことによってこの不公平を減少させようと考えるのはまったく正当である。

第二に、個人所得税は累進的であり、この累進性が大なる可能性で悪平等につながる。少なくともこのことがそろそろ真剣に論じられなければならない時期にきている。簡単にいうと、一生懸命働いてたくさん稼いでも、ごっそり税金で取られるのでは、勤労意欲が起こらないということである。これは欧米諸国ではすでに広く起こっている現象である。

戦後、日本人は個人主義だの平等主義だのというアメリカ仕込みの言葉を好んで使用しているが、個人主義の意味を少しまじめに考えると、原理的には累進所得税は個人主義にむしろ反するものだということに気づかざるをえない。個人間の平等をそのまま受け入れるとすると、人頭税つまり一人当たり定額の税金が個人主義にはピッタリなのである。

逆にいうと、累進税がどういう思想に由来するかというと、全体主義からきたものだということである。つまりどういう国家を作るのかという課題が先行させるとすると、金持からたくさん取った方が国家を作りやすいということになる。この支払い能

「世論」

討論および問題を吟味する熱意と材料に欠けた主体のない記号的応答の総和。

力によって税を決定せよという考え方を財政理論では能力説とよぶが、それは個人を国家に奉仕すべきものとしてとらえるという思想なのである。たくさん稼いだものは国家にたくさん税を拠出すべきであるというのは全体主義もしくは国家主義である。少なくともこうした思想を多分に含むのが累進税なのだ。だからこそ、それはプロイセンという官僚国家を支える税思想となったのである。

私は「反国家」主義者でもないし、累進税に絶対に反対というのでもない。私が批判したいのは、反国家主義や反全体主義を思う存分に主張しながら、累進税の考え方に含まれる国家主義的、全体主義的、反個人主義的な思想について無関心であるというのでは、日本人のいう個人主義もみせかけのものにすぎないという点についてである。またそのみせかけの個人主義から様々の悪平等が生まれもするのである。

弱者への福祉は最低保障でいい

またこの累進税の必要は、現在では、福祉社会論にもとづいて唱えられている。つまり、弱者救済である。金を少ししか稼げない人はかわいそうだ、その弱者を助けなければならない、だから金をたくさん稼いだ人からたくさん取ってそれを弱者にまわ

「戦後観念」

戦後の観念社会は、それまでの伝統的価値観の喪失にともない新規の観念をためらうことなく導入することによってにわかに構築された。

せ、という考え方だ。

この考え方の是非については注意深く論じなければいけない。

まず、社会の基礎構造として、平等をある程度は認めなければいけない。つまり、金を稼ぐ力の大きい人間も、自分一人ではその能力を発揮できないということである。稼ぐ力の小さい弱者とも取引関係を結ぶことによって社会が、そして組織が、成立する。弱者もまた社会の一員として不可欠なのだ。弱者がいなければ、強者自身の活動力がそがれてしまう。

したがって弱者にも活動を保障する必要が生じ、その保障のために弱者への福祉が行われることになる。

念のために断っておくと、これは弱者への同情による福祉ではなく、強者の安定的存続のためにも、ひいては強者と弱者の関係を安定化させるためにも、必要な福祉なのである。

しかしそれはあくまで最低保障でいい。最低保障を与えられることによって弱者もまた社会的活動をすることの可能な存在になる。強者には強者なりの存在意義があり弱者にも弱者なりの存在意義がある、そして両者がなにほどか安定したかたちでかかわり合う、それを認めてこその競争原理であり自由原理であるのだ。

「戦後的枠組」

民主主義を守ろうという枕詞をつければ、どんな反民主主義的言動も正当化されるという野放図な観念。

もちろん、最低保障がいかなる水準であるべきかとか、自由競争の結果としての不平等がどこまで許容さるべきかといった線引きは難しい。なぜなら社会は二重構造になっているからである。

つまり社会は深層構造としては平等であるが、しかし表層構造としては不平等なのである。平等と不平等のあいだの構造的バランスによって社会全体の安定性がもたらされる。深層と表層の構造的境界がどこにあるのかを、ということは平等と不平等のあいだ平衡の支点がどこにあるのかを判断するのは大変に難しい。このことは認めざるをえない。

しかし戦後の風潮にあっては、その境目がどんどん上昇してきて、社会全体が基礎構造になる、つまり平等で覆われるかのような勢いである。「機会の平等」からさらにすすんで「結果の平等」を素晴らしいとする方向で、福祉社会が肥大化している。そうした過剰福祉の弊害が欧米ですでに顕著である。そして日本でもそれがそろそろ目立ちつつあるといってよいであろう。

そうならば、個人所得税の累進度をなんとか減らさなければならない。しかし、累進税率に直接に手をつけると、平等主義の気分のはびこる状況では、ただちに感情的な騒ぎを惹《ひ》き起こす。金持からは少なめに、そして貧乏人からは多めに税を徴収しますよというふうに累進税率の直接的改変に着手すると、平等主義の感情をあまりにも刺激する。

結局、個人所得税を減税することによって累進税制からくる悪平等を減らすという方策が現実的だということになる。これくらいのことは大人ならば承知しなければならない。

消費税は理解するのに大して努力を要しない単純な問題だ

次に法人所得税の問題である。日本の法人企業は、地方税や法人所得税をあわせて、六〇パーセントに近い税負担を蒙ってきた。これは、少なくとも名目でみて、世界で一番高い負担率だといわれている。

現在の日本経済は活況を呈しているので、企業のがわからの税金にたいする抵抗はまだ深刻なものにはなっていない。しかし、税制改革というのは長期的な視野にかかわる問題であり、九〇年代はおろか次の世紀をも見通すものでなければならない。シャウプ税制にしても四十年も続いたのである。

つまり、法人の税負担を高いままにしておくと、いずれ日本が経済的困難に見舞わ

「戦後民主主義」

戦後の悪魔めいた迷信。民主とはあるべき状態をさす言葉にすぎないが、主義がつくと「大衆は神様である」という意味になる。

れたとき、こんな税負担の高い国に企業をおいておくよりは税負担の低い国に移動させたほうがいいということになる。つまり資本流出の動きである。

すでに経済摩擦や労働費用のことを考慮して海外への資本流出がすすんでいる。これに税負担の要因が絡まれば、日本の産業を空洞化させるような資本流出が生じかねないのである。したがって、法人所得税の減税についてもそれをそろそろ真剣な議論の対象としなければならない時期にさしかかっているといってよい。といった判断に立って、法人税率を引き下げたわけである。

要するに累進個人所得税からくる不公平と悪平等の問題も、高率法人所得税からくる資本流出の問題も、ロングランの視野にあって、是正さるべき問題、少なくとも論議さるべきアジェンダだということである。

政府は、主として高齢化社会のための財源確保という名目で消費税を打ち出しているが、それ以上に重要なのは、このような公平の実現、悪平等の抑止そして市場活力の維持といった問題である。そしてこのことも理解するのに大して努力を要しない単純な問題だといえる。

さらに、既存の物品税がきわめて非合理なものだという事実がある。物品税を非合理とみなすのはもはや世界の常識ですらある。

貧しい時代、品数の少ない時代であったならば、たとえばダイヤモンドはまぎれもない贅沢《ぜいたく》品であるから三〇パーセントの税をかけるが、たとえばキャベツは間違いなく必需品なのであるから無税にする、というふうに政府が決めても国民感情と合致する。しかし物質的、技術的に豊かな時代になり、品物が豊富に、しかも無数の品数というかたちで市場にあふれはじめると、消費者の嗜好パターンそして選択パターンも複雑多様に分かれてくる。

たとえば、サラリーガールが安月給や乏しいボーナスのなかから、ダイヤモンドを買う、すると三〇パーセントの物品税がかかる。東京近郊の農民が土地を売って何十億円も入手し、立派な屋敷を作り、山梨県あたりの河川から大きな石を運んで庭石とする、しかしそれは単なる石にすぎないから税はかからない。こうしたことが随処に起こっているのである。

こんな非合理を容認するよりも、むしろ物品税率はおおよそ一律にしておいて、何をどのくらい買うかは消費者の自由選択に委ねようと考える方が筋が通った話である。

もっと重大なのは、なぜ物品にだけ税がかかり、サービスには税がかからないのかということである。

世はいわれているように現代は「サービス社会」なのであって、国民所得の五割を

「退行」

矛盾につき当たった大人が正体を失って甘美な幼児体験へと後戻りを試みること。

超える部分がサービス関連から発生してくる。有形の物品にだけ税をかけて無形のサービスには税をかけないというのは度し難い唯物論というものだ。

で、物品にもサービスにもかけよう、そしてさきほど言ったように税率を一律にしようということになる。そしてこれこそ消費税にほかならないのである。現行の消費税が完璧なものだとはいわないが、基本ラインとしては、認めざるをえない税制改革なのである。

なぜ女性党首のみごとに無論理な感情論が受けるのか

ところが、マスコミにあっては、私と世界にとってはコモンセンスと思われる判断が通用しない。

最初から直間比率の修正は天下の悪政だと思わせるような論調で、野党の主張と手をたずさえつつ、売上税・消費税にたいする反対キャンペーンが展開されたのである。直間比率の何たるかを知らないようないわゆるオバタリアンたちの消費税反対集会があると、それを結構大きな記事として載せる。

しかし税制に詳しいものが新聞記者を相手にきちんと筋を立てて消費税の話をし、

しかもその記者の個人的な見解としてはそれに同意したとしても、それはなかなか記事にはならない。それどころか、記者諸氏は消費税反対集会がどこかで行われてはいないかとうの目たかの目で探しまくり、消費税反対の感情論を収録するのに躍起のようであった。

ここにもまた、反権力的な言動にはおおよそ無条件の支持を与えるというマスコミの通弊《つうへい》がみられるのである。ただしマスコミ権力にたいする批判は注意深く排除した上でのことであるが。

私の経験したエピソードにふれてみよう。

何人かの外国人と会う機会があったとき、「日本では、コンサンプション・タックス（消費税）で大騒ぎだそうだが、税率は何パーセントなのか」と聞かれた。私はニヤリと笑って「三パーセント」だと答えた。私の予想どおり、彼らは膝をたたいて笑う。「何でそんな低率のことで大騒ぎになるのか」と。そこで私も「日本人の摩訶不思議な気持ちは私なんぞにはわかりません」といって笑ったのである。

またこれはある新聞に載っていた話だが、アメリカの消費者運動の闘士、ラルフ・ネイダーが日本にやってきて、日本のジャーナリストから「消費税についてどう思うか」と聞かれた。彼は「ところで税率は何パーセントか」と尋ね、「三パーセントだ」

「台所感覚」

買わなくても所得税を天引きされる累進所得課税より、所得がまるまる手に入り、買わなければ税を払う必要のない消費税のほうがいい、というまっとうな感覚。

という返事を聞いて、「そういうマイナーな問題に答えている暇はない」といったのであった。

ほとんどの文明諸国がたいがい一〇パーセントを超える税率の消費税でやっているのだから、外国人が消費税を認めなければむしろ変である。まして、私の知るかぎり、消費税がそれら外国人に深甚《しんじん》なダメージを与えたという事実などありはしないとなればなおさらである。

もちろん日本は外国の真似をしなくてもよい。それらの国々が消費税で失敗したとか、国民が深刻な損害を蒙むったという報告でもあるのならば、遅れてきたものとしてはもっけのさいわい、日本はああいう失敗の轍を踏んではいけないということになるであろう。しかし、そんな報告はどこにもない。そうなるであろうという理論的予測すらないのである。また、日本に消費税をやってはいけない特殊事情があるのなら、それを示せばよい。そんな事情などありはしないから、誰もそれを示さない。となれば、シャウプ税制に基本的な欠陥が多々ある以上、諸外国の経験に素直に学ぼうと構えるのが知的誠実さというものであろう。

ところが日本人の姿勢は、土井たか子のセリフに端的に表わされているように「消費税は世界に類例をみない悪税である」と叫ぶのである。世界に類例をみない悪税とは、これまでの日本の税制のことだというのに。

また土井氏は消費税にたいして「だめなものはだめ」というみごとに無論理の感情論で対抗した。そしてこれが日本では案外に受けるのである。

これもやはりマスコミの影響が小さくないのではあるが、まず最初に「だめ」というムードがかき立てられ、そして「だめ」という大前提から「だめ」という結論を導く。これでは幼児の論理である。大人が「幼児の論理」を用いて、それで通用するというのは、もし馬鹿でないのだとしたら、日本人はよほどに退屈と苛立ちに苦しんでいるのであろう。マスコミ世論の消費税論議はそういうていたらくに沈んでいるのだ。

マスコミ、野党の不勉強ぶりが不毛な間接税論議を招いた

ここまで説明してやっても、人々は第二義的な不平をあれこれとつぶやく。たとえば、「なんといっても政府の説明が足りない、自民党の説得が足りない」という。

私はこの不平を九割がた認めない。なぜなら、直間比率の見直しという問題は、田中首相の時代から政策課題にのぼりはじめたものだからである。そして大平首相のときには「一般消費税」というかたちで政策提案され、そしてそれが「天下の悪税」と

「知識人」

知識という商品マーケットにたずさわる人々。教養人とは別義。

いったような悪宣伝に巻き込まれ、ついに大平氏は政治的苦境のなかで逝《い》ったのであった。

それから十年、直間比率の見直しは重要な政策課題でありつづけた。その間、マスコミや野党がその課題について少しは勉強していたら、売上税や消費税にたいして、こうまで悪罵《あくば》を投げつけることはできなかったであろう。

マスコミ、野党そして大衆のこのような怠惰に耐えるのもまた、民主主義社会における為政者の務めではある。しかし、いったいいつまで待てばいいのであろうか。やはり中曽根政権の場合のようになにほどか強力な内閣ができたときに、少し大胆に構えて「そろそろ直間比率を是正しますよ」と公言するのが政治家の勇気であり義務でもあるというべきであろう。

マスコミや野党が反対しているから直間比率はそのままにしておきますといっていたら、問題の所在すら国民にはあきらかにならないのである。中曽根氏や竹下氏は、この問題を政策決定過程に出すことによって、シャウプ税制の深刻な歪みを、財政に通じたものには至極当然の認識を、国民に知らせたのだ。これらの政治家の決断をたたえよとまではいわないが、十年以上にわたり直間比率の是正という理のある方針にたいし理不尽な攻撃を仕掛けてきたマスコミの責任が不問に付されてよいわけがない。

さらに、少し冷厳に現実をみれば、政府なり与党なりが消費税について縷々《るる》説明したとしても、その説明に耳を傾けるほど国民は素直ではないとわかる。つまり、国民一人びとりはそれぞれの私生活圏で多忙に暮らしているのであって、彼らが消費税について積極的な関心をもつのは、それが法案として出され、国会の議論の種になり、マスコミの騒ぎの的になってからである。

政府与党があらかじめ説明をすれば、新聞やテレビがすすんでそれを報道し、解説を加え、国民もそれを熟読したり傾聴したりするというふうにはならない。国民はそれほど勉強家ではないのである。その証拠に、売上税・消費税が三年間も論議されているというのに、それが所得税の減税と組み合わせになっているということすら知らない国民がたくさんいる始末である。

したがって、政府・与党の説明不足であることは否めないが、それを批判するがわにも得手勝手な甘えの気分があることも認めておかなければならない。少なくとも説明不足という現実に至らざるをえない事情が長年にわたって山積しているのだということを確認しておくべきなのだ。

「血祭り」

フロイトによれば生の情熱は死へと向かうという。人間はみずからの破滅への衝動を他者の犠牲をもってあがなおうとする。

フランス人は大統領の公約違反を評価する

次に中曽根氏の公約違反ということがいわれる。これは今もなお国会において派手に議論されている論点であるが、これについても九割がた認められない。

中曽根氏は、大蔵省とともに、大型一律間接税を提案しようとした。その途端に「天下の悪税」というキャンペーンが張られたのである。土井たか子氏などは「この消費税は軍国主義のためのものである。国民から大税をしぼりとって軍事強化をするための悪税である」というような悪宣伝すらやった。

つまり大型一律間接税のままでは、マスコミ、野党および大衆の示すヒステリー症状のなかで、中曽根氏は初志をつらぬくことができない。そこで万やむをえざる妥協として、「大型一律間接税にはいたしません」と公約するほかなかった。

その後、中曽根内閣が苦慮したのは、いかにすれば一律大型ではない売上税になるか、ということをめぐってである。

そこで、五十一品目の例外を設けたり、零細企業には実質上の税負担がかからないようにしたり、といったふうにいろいろな工夫をこらした。いわば「多様中型の間接税」に近づけようとしたわけである。そうすることによって公約違反のそしりを免れようとした。現実の動きのなかで決断するしかない政治家としては、これは致し方のない妥協である。その妥協が適切なものであるかどうかの議論は成り立つであろうが、妥協することとそれ自体には何の不思議もないのである。

結果としては、売上税はきわめて煽情的な反対キャンペーンの前につぶされてしまい、廃案の憂き目にあった。しかし、国会で廃案になるときに、自民党は審議なしで廃案というのではいかにも面子丸つぶれであるし、直間比率の将来における改革のことも考慮して、いわゆる「国会合意」を取りつけたのである。共産党を除く全野党と自民党のあいだで、直間比率の見直しをはじめとして税制改革には積極的に取り組む、という合意がなされたわけだ。

直間比率の是正ということは、わかりやすくいえば、消費税的なものを創出し、所得税的なものを減らすということにほかならない。これについて国会合意が出来上がったのである。それゆえ、その後、竹下内閣が直間比率の是正策として消費税を出してきたとて、国会合意の延長にある以上、手続きとして不都合はありはしない。

公約違反というのは民主主義的感情を大いに煽《あお》り立てる言葉ではある。この感情に

「伝統の知恵」

われわれが過去より引き継いだ文明にくらべ、われわれがそれに付加しうる知恵のいかに絶望的に僅少であることよ。

もとづいて、中曽根氏の公約違反ということが喧伝《けんでん》されている。しかし、今なお国会における一連のプロセスを詳しくみれば、それはほとんど無理な立論だと思わざるをえないのである。

さらに強調さるべきは、そもそも、公約違反ということについて過度に民主主義的な感情を煽り立ててはいけないという点である。公約とは政治家のヴィジョンやスタイルを大まかに示すものにすぎない。それ以上のことは議会の審議と議決に委《ゆだ》ねるのが代議制というものだ。したがって、極端な場合には、事態の推移や議論の進展のなかで公約が間違いだったと判明しても構わないのである。

歴史上たくさんの例があることだが、最近の場合でいうと、フランスのミッテラン氏は国有化推進を公約として政権を握った。ところが実際に国有化をすすめてみると、フランス経済の非効率化が顕著になったというので、さっさと公約を取り下げて、市場化を促進した。日本語でいうところの民活というやつである。そしてその方針転換が今のところまあまあうまくいっているというので、ミッテラン政権は安泰である。フランス人は日本人と違って大人なのであろう。ミッテランの公約違反だなどと騒ぎはしないのである。公約どおりに国有化を進めろなどと騒ぐのは馬鹿らしいことで、それは現在のソ連・東欧のペレストロイカ運動が国有制の否定に向かっていることをみればあきらかだ。国民の政治的賢明さというのは、まずもってよき結果をもたらしてくれるような政策を要求することであって、間違った公約に固執することではないのである。

精神的力量の低い財界には消費税の意義さえわからない

とくにサラリーマンの家族は次のように反省してみてもよいのではないか。自分たちにとっては大型一律間接税が一番よかったのではないか、という会話がサラリーマン夫婦のあいだでそろそろなされてしかるべきだということである。消費税率は三パーセントでは小さすぎる、六パーセント、九パーセントでもいい、そのかわり所得税や地方税といった直接税を大幅に減らしてもらおう、という意見がサラリーマン集団のなかから発せられて、むしろ自然なのだ。

俺たちの財布を大きくしてくれ、給料天引きの直接税を減らしてくれ、そして大きくなった財布の中身をどう使うかは自分たちの自由に任せてもらいたい、という方がサラリーマンとしては自然な態度といえる。これだけ店数も品数も増えたとなると、どういう内容の消費生活を営むかは、消費者の才覚の問題である。

「伝統破壊」

未来にたいする絶望は、おうおうにして過去にたいする憎悪をかきたてる。

最初から直接税で天引きされて財布を小さくされたのでは消費者としてはたまったものではないだろう。したがって、所得税の減額と消費税による物価上昇という組み合わせは、消費者としてのサラリーマンの感情にもどちらかというと適合するはずのものなのである。

ところが日本のサラリーマンたちはその姿をやっているようだ。ここで是非とも指摘しておきたいのは、日本のサラリーマン集団の代表機関である財界が、この消費税問題についてとっただらしなさということである。

消費税はカネの話であり、まさしくビジネスにかかわる事柄である。そうならば、それをきちんとおさえてこその財界である。日本の財界人の、すべてとはいわないが、かなりの部分が、マスコミ迎合的なことをいいふらした。金勘定に詳しいサラリーマンがこと消費税のことになるとそこらのオバサンと変わりない言動しかとらなかったについては、サラリーマン集団のトップがとったこのようなだらしない態度も影響していたのではないか。

もし反対に、財界の長たちが消費税についてきちんとした判断を当初から堂々と主張していたら、普通のサラリーマンたちも自分らの代表者の見解を遅かれ早かれ理解したに違いない。日本のビジネスは自分の会社にかかわる技術という点では優秀なのであるが、消費税の意義すらわかっていないとすれば、その精神的力量はあまり評価できるものではない。

こんなことでは、外国との本格的な摩擦にまきこまれたとなると、日本のビジネス体制もいずれ挫折するのではないかと懸念される。

一部の女性が自賛する台所感覚の大ウソ

また「三千万円免税基準がけしからん」という声もある。これについても私は簡単には認めることができない。

こういう免税基準は、公平簡素という租税原則からしてもない方がいいと私も思う。大型一律が間接税の理想なのだとすら思う。しかし、あの売上税のとき、「貧乏人いじめの売上税」と騒いだのはマスコミ、野党そして大衆であった。この騒ぎがやまないとなると、自民党も大蔵省も、中小零細の企業や農民からは消費税を徴収しないという妥協をして、それでなんとか間接税への移行の第一歩を印すべく努力するしかない。まさに政治的妥協としての免税基準である。

三千万円の免税基準がけしからんというのなら、貧乏人いじめの消費税だ、零細企

「天の声」

宗教的狂気における憑依的現象。天を敬うのなら正気。

業からもカネを取るのか、と叫んだ自分たちの姿についても反省してもらいたい。つまり、一律とるといえば騒ぐ、で、三千万円以下はとらないというとまた騒ぐ。これではまったく子供の所業である。

ついでにふれておくと、免税基準に反対する場合の主要な論点は便乗値上げの問題である。零細商店といえども、仕入値は上がっているのであるから、そのぶん売値を上げるわけで、値上げのすべてが便乗によるものだとはいえないが、そのこと以上に問題なのは、どうして便乗しては悪いのかということである。

これは市場経済の原則にかかわることである。商店主があらゆる機会に便乗して値を上げようとするのは市場の経済原則として当然である。そしてその原則によれば、価格の上げすぎだと思われるような商品は消費者に買ってもらえないのである。で、商店主も値を下げるということになる。つまり需要と供給のバランスで値が決まるというのが市場経済なのである。消費者が消費選択において賢明であれば、便乗値上げという概念そのものが根拠薄弱ということになるわけである。

便乗値上げを批判する人々は、ラーメンは三百五十円を超えてはならない、天ぷらソバは五百円を下回らなければならないというふうに、価格の公定を要求するのであろうか。

そうすればたしかに商店の便乗値上げは不可能であろう。あるいは値上げは闇の次元で行われるであろう。しかし、公定価格による統制経済の大失敗は戦中の日本をみてもあきらかであるし、現在の社会主義国をみればますますあきらかである。そのことを少しでも理解するなら、便乗値上げ反対などという、これまた民主主義的感情を煽りやすい言葉をあまり頻発してはいけないのである。

　このように考えてくると、免税基準を撤廃せよという要求も、結論は賛成だが、あまり筋の通る話とは私には思われないのである。

　それゆえ、一部の女性たちが自賛する台所感覚についても、そしてそれを持ち上げるマスコミの報道感覚にたいしても、私は全面的に批判的である。彼女らはむしろ台所感覚が不足しているのではないか。

　まともに家庭の仕事をしている女性ならば、所得税減税で夫の月給がいくら上がったか、あるいは物品税減税で自動車が何十万円下がったか、などといった側面にも総合的に配慮が行き届くはずだ。それがよき台所感覚というものである。

　彼女たちは台所に退屈し、さらには家族の人間関係に苛立っているのだろう。その退屈をいかにしのぐか、苛立ちをいかにまぎらすかと虎《こ》視《し》眈《たん》々《たん》と待ち構えていたところに、消費税が現われた。

「統制経済」

神の見えざる手にとってかわろうとする脳軟化症的経済体制。経済が放埓なる消費に支えられていることに気がついていない。

消費税が何ものであるか、自分にはよくわからないが、新聞やテレビでは、それが悪税であるといっている、少なくともそうらしいということが大いに示唆されている。これについてなら自分も発言しやすいと彼女らは判断したのであろう。そして街頭へ出ていって、「子供のお菓子にも税がかかるのは許せない」と叫びたくなったのであろう。

子供を持ち出すことによって、ヒューマニズムの感情に浸《ひた》り、それが民主主義的感情に連動するというありきたりの心理過程ではある。菓子を毎日買い与えるのもどうかと思うが、それを問わないとしても、せいぜい一日百円の菓子で三円の税、一カ月九十円である。女性が選挙運動に参加して一向に構わないが、なぜそんな瑣細《ささい》なことが宣伝カーの上から叫ばれなければいけないのか。もう少し切実味のある台所感覚を表現してもらいたいものだといわずにおれない。

首相の公約違反は免罪にされるべきだ

単にムードとしての民主主義をくすぐることだけが彼女、および彼女らを支援する人々の関心事なのだとすると、過ぐる参議院選に大量立候補した「マドンナ」とはマッド・オンナのことだとひやかされても仕様がないだろう。

私も勇を起こしてそのようにひやかしてみたことがある。女性たちから抗議が殺到するかと思いきや、世のなかはなかなか見捨てたものではないらしく、普段にない数の女性たちから「よくいってくれた」という励ましの電話があった。

そして、「私は、内心、あの女性たちをいかがわしいと思っていました。あの人たちは台所を放ったらかして、自分でもよくわからない消費税に反対して楽しんでいるだけなんだと思う」というのである。比較的年配の女性たちからの電話であったが、異口同音にそういうのだ。

おそらく事態はこういうことになっているのだろう。ああいう騒ぎは女性たちや記者たちの本心から出ているものでもないのであろう。ただ民主主義的な言辞を吐いていれば、それが右から左へと流通することだけを彼らはよく承知しているのであろう。

その流通がスムーズにいくのは、ひとえにそれが戦後的観念のフレームに収まっているからである。貧乏人いじめの消費税、子供いじめの消費税などといっておけば、自分たちの使い慣れ聞き慣れた民主主義的言語に沿うというわけである。

いずれにせよ、これが四十五年をかけて到達した戦後の現実なのだとすると、むしろ、マスコミ世論の騒ぎの前に腰くだけを演じた政治家、経営者そして言論人たち、

「討論」

民主主義とは、現象的にはいかにすぐれた討論を行うかにつきる。

つまり指導的な立場にいた人の責任は重いといわなければならない。

私は十年も前から大衆論をやっており、したがって、本心からずれたことを熱狂的に叫び、その集団的叫びの赴くところ集団リンチが現出するのが大衆社会の傾きなのだと考えてきた。そしてこの傾向こそが民主主義をマスデモクラシーへと堕落させるだろうともいってきた。

大衆社会にあってなおかつ政治家であろう、経営者であろう、言論人であろうとするものは、マスデモクラシーの典型現象ともいうべきマスコミ世論に脅えてはならないし、それから逃げ隠れしてもいけないのである。堂々と理非曲直を正しつつ闘ってこその指導者である。

しかし私は、政治家は半ば免罪だと思う。彼らはなんといっても国民から票をもらわなければいけない立場におり、そのためにマスコミ世論と切れることが難しいのである。中曽根氏が「大型間接税はいたしません」と公約せざるをえなかったのもそのためである。

また経営者も、政治家ほどではないとしても、免罪されるところがある。なぜなら彼らは不特定多数の消費者にものを売る立場にあり、それゆえマスコミ世論に逆らうと自分の会社をトラブルに陥らせるのではないかと懸念せざるをえないという商売上の制約を少々は負っているからである。

もっとも責任が重いのはやはり知識人、言論人だというべきであろう。彼らは票をもらうわけでもなく、品物を売るわけでもなく、ただ言葉を用いるだけの種属である。なぜ言葉によってマスコミ世論と闘わないのか。

一例として私は経済学者のことを挙げてみたい。

私の知るかぎり経済学者の大半が消費税に賛成である。少なくとも消費税の正当性を基本的には認めている。その証拠に、消費税は悪税であるということをいった経済学の書物も論文もまずないといってよい。

ところが経済学者たちは、マスコミ世論が消費税反対に傾くと一斉に消費税の論戦から逃げたのである。同じことは、衆愚政治と化しつつある政治の現状にたいする政治学者たちの迎合もしくは沈黙についてもいえることだ。

マスコミ世論にたいして闘う最後の拠点ともいうべき知識人が総崩れになっており、それゆえマスデモクラシーは今や完成の域に達したという観を呈している。

このように一年余にわたるマスコミの動きを眺めてくると、マスコミの用いる言葉がいわばみせかけの次元、振りの次元をすべっているということはあきらかである。つまり、みせかけとしての民主主義、振りとしての民主主義が跋扈《ばっこ》しているのだ。実

「徳義漢」

つまらぬ人間のくせに「天にかわって不義を討つ」という不遜な態度。天声人語とはなんたる思い上がりか。

はそのことについて自覚しているマスコミ関係者も少なくないのである。

参議院選挙の投票行動が示した衆愚政治への傾斜ぶり

私の個人的体験からいくつかのエピソードをひろってみよう。たとえばリクルートキャンペーンの当事者の一人が「自分一個の意見としては、リクルート事件は戦後起こった贈収賄事件のうちでもっともちっぽけな事件だと認めざるをえない」と告白した。

またもう一人のキャンペーン当事者は「自分たちが検察から情報をほのめかされて大見出しの記事を書いていることに、ジャーナリストとして内心忸怩《じくじ》たるものを感じざるをえない」と述懐した。

このような次第で、マスコミ人士は、個々人としていうと、自分たちの言葉が偽の次元、振りの次元、空虚な次元を滑走していることをひそやかに認めているようなのである。

しかし、その「振り」は言語のシステム、言語のメカニズムとなって戦後ずっと日本国民をとらえてきた。この経緯に立って、そうしたシステムやメカニズムに合わせて報道・解説をたくましゅうするというのがマスコミ人士の悲しい性となってしまっているということだろう。

この哀れな性がきわめて顕著に出た例として、いわゆる政治家の「女性スキャンダル」にふれてみたい。これはマスコミ人士の多くが自分たちのやっていることの汚さについて心底ウンザリしたであろう事件であった。

このスキャンダルのきっかけを作ったのは「サンデー毎日」という週刊誌であるが、それを報道するかどうかについて毎日新聞社の重役たちの多くが反対意見でまとまっていたと聞いている。しかし現場が突っ走る。権力者のオンナ漁《あさ》りを叩くのは「売れる」という商業原理を振りかざして走る。それにたいし、いわゆるシモネタを避けたいと考えていた会社の指導部も抗しきれないという顚末《てんまつ》であのスキャンダルが起こってしまったとのことである。

少々うがった見方かもしれないが、あの参議院選における自民党敗北の最大の原因は、消費税ではなく、この女性スキャンダルではなかったかと私は推測している。つまりこの女性スキャンダルのせいで、ごくセンチメンタルに、ごくムーディに、ごくイメージャリーに「自民党はダーティーだ」というレッテルがベッタリと貼りつけられ、そのレッテルによって投票行動が左右された。

「匿名」

名前を伏せる限りにおいて言葉をもてあそぶ資格はない。爆弾テロリストの多くは匿名犯である。

しかし、選挙民にも矜持《きょうじ》の気持ちがあるので、世論調査などでどういう理由に自民党に投票しなかったかと尋《たず》ねられると、女性スキャンダルではなく消費税の方を持ち出す。だが選挙心理の底にはもっと感情的なものが胚胎《はいたい》していたはずで、それを端的に表わしたのが女性スキャンダルであったと私は思うのである。

すでに述べたように消費税についてもそれが悪税であるという証拠なり論理なりを選挙民がもっていたとはとても思われない。それ自体がムーディな騒ぎの反対運動なのであった。そしてムードの問題だというのなら、ムードとしてもっとも鮮明であり露骨であったのは女性スキャンダルだったのである。というわけで女性スキャンダルが選挙にたいし致命的な影響を与えたと私はみる。

またこうした動きは、すでにアメリカの大衆状況のなかで大がかりに演じられているところでもある。この一事をもってしても、わが民主主義が感情、気分、印象に流されるような政治、つまり衆愚政治への傾斜を多分に含んだものだとわかる。しかも、このことが大方の人々の眼にもはっきりと映るようになっている。戦後民主主義がここまで悪化したのだということを認めるほかないのではないだろうか。

権力者のプライバシーの徹底暴露が日本では公認された

さて、いささか委細にわたりすぎるかもしれないが、この女性スキャンダル報道の汚さを確認しておこう。そのこと自体はつまらないことだが、そこにルールなき民主主義の実態がいわば漫画的に誇張されたかたちで示されているのである。

まず、政治家の女性とのいかがわしい付き合いがもし管理売買春に当たるならば、それはなんらか法的な措置によって制裁されるべき事柄である。しかしあの政治家たち、その相手をした女性たち、あるいはその女性の雇い主たちに法的措置を加えようという意見がなかったところをみると、これは管理売買春の問題ではないと解釈できる。また管理売買春というのは、当の女性たちにたいして多くの強制力が働いた場合のものであって、現在のように多くの職業機会が女性にも開かれている時代に、どうして売春が強制されえたのか、説明しにくいであろう。結局、基本的には自発的な性交渉であったということになる。

問題は、そういう種類の女性との付き合いが、政治家の人格として、容認されるか否定さるべきかということに帰着する。

マスコミ世論がやったことは、政治家は公共的に重要な立場にいるのであるから、

「トレランス」

他人のいやな信仰でも自分に深刻な迷惑が及ばないかぎり、それを「寛容と忍耐」で容認しなければならない。

女性との付き合いにおいても人格的な清潔さを要求される、という倫理的立場を強調することであった。しかし、政治家の公共的立場とは何のことであろうか。

政治家の公共性は、何はともあれ、よき政治を行う点に見出される。したがって、もし女性とのいかがわしい付き合いが政治の場面においてもいかがわしい結果をもたらす、もしくはその可能性が強いというのであるのなら、国民は公共性の見地からして政治家の女性スキャンダルを暴くことも許されよう。政治家の女性問題におけるいかがわしい性癖を指弾することも許されよう。

しかし、歴史を振り返っても、あるいは現在の社会を見渡しても、女性との付き合いでいかがわしきものたちであっても、よき政治をするという可能性はあるのだ。少なくとも、女性にたいするだらしなさという前提から政治におけるだらしなさという結論に導くには、もっと別の証拠が必要なのである。ところがそうした検討が一切なされないまま、人格の問題と公共性の問題が短絡させられてしまった。

もうくどくど解説する必要はないであろうが、政治家のプライバシーにたいする徹底した暴露が日本では公認されてしまった模様である。権力者のプライバシーを白日の下にさらす、それが現下のマスデモクラシーの常套手段になったようだ。

プライバシー権の意味が理解できない日本人

ところで、プライバシーの権利という概念はおおよそ二つの内容をもつ。一つは個人が独りになりたいときに独りにならせてもらえる権利、もう一つは自分にかかわる情報は自分の処理に委ねられるべきであるという意味での自己情報管理の権利である。もちろん、これらの権利には公共性を著しく阻害しないかぎりにおいて、という限定が付されるであろう。

いずれにせよマスコミはこれら二種類の権利を徹底的に破壊したのであった。また近年におけるマスコミ世論の趨勢としては、政治家にかぎらず有名人全般のプライバシー権を侵害するのが最大のセールスポイントになっているとすらいえる。つまり、「知る権利」という美名の下に他人のプライバシー権が著しく損傷され、しかもそれが国民のおおよそ歓迎するところとなったのだ。日本人はどうやらプライバシー権というものの意味を理解していないようにみえる。

プライバシー権は欧米社会で成立したものであるが、その権利の発生因はどこに求められていたであろうか。

最初に述べたように、人間という存在は何割かの性悪ぶり、何割かのいかがわしさ

「ニヒリズム」

過去の価値を認めないのであれば、認めないという意識すら認めることができない。

をひめたものである。そのいかがわしさが他者あるいは社会に迷惑をかけるというのでないかぎり、そのいかがわしさについて互いに攻撃を仕掛け合うようなことは避けようというルールを欧米社会は作り出したのだ。

もしもその種の相互暴露、相互攻撃をやりはじめると、人間のいかがわしき可能性は人間関係の前面に露出してしまう。そんな状態では、安定した人間関係は取り結ぶわけがない。つまり、プライバシー権にあっては、いわば「大人の偽善」が前提されているのである。

われわれはお互いいかがわしい存在にすぎないのだが、他人に迷惑をかけないかぎり、それを暴露し合うようなことはしないでおこう、これは偽善であるがしかし大人の作法でもある。

またそれを認め合わなければ、人間の主体性とか主体の自由というものも空語に陥ってしまう。つまり人間という主体が他者と関係を結ぶときには、かりに虚構だとしても、まあまあまっとうな自己であり他者であるかのように認め合うという礼儀作法が必要になるのだ。プライバシー権は、人間の性悪を認めつつ、しかしそれを社会に迷惑でないかぎり互いに隠蔽《いんぺい》するという節度の下でのみ、主体の観念もその自由の観念も成り立つのである。

これが文明のフィクションというものなのだ。このフィクションの意義を日本人はまだよく理解できていないようなのである。

ここにもまた、戦後長きにわたってつづいてきたヒューマニズムの思想、つまり人間はいずれかならず性善なる存在へと上昇しうるものだとみなす思想、要するに人間礼讃の思想が影を落としている。人間礼讃にもとづきつつ人間蔑視をやる、それがプライバシーの侵犯である。

選挙民に政治家の人格を議論する資格はあるのだろうか

もちろん私とて、他者の、とりわけ目立つ地位にいる権力者のプライバシーを暴き立てて、それを楽しむという欲望を全面的に否定するわけではない。それが人間社会の潤滑油として有効に働くことがありうるということを認めもする。

しかしその種の作業に従事するのは、マスコミでいえば、イエローペーパー、イエローラグ、つまり日本語でいうところの赤新聞である。ところが、「社会の木鐸」あるいは「言論の公器」と自称して、自分たちこそが世論を嚮導《きょうどう》するのだという高みに立っている大マスコミが、そうした汚い作業の先頭に立っているのである。またそれ

「人間礼讃」

人間を礼讃したり蔑視したりすることは、教養のある人間のすることではないというはなし。

に応じて、他人のプライバシーを取り沙汰するのは井戸端や酒場のひそかな楽しみであったのに、今ではそれが世間の表通りで世論の名を僭称《せんしょう》しているわけなのだ。日本のマスコミは、主体や自由について、つまりは人間性というものについての大いなる誤解の下に言葉を紡《つむ》いでいる。この誤解にもとづいて、誤謬《ごびゅう》だらけの世論が形成される。

下らぬ、しかしわかりやすい例を挙げてみると、いわば任意売買春においては、行為イニシアティブをとるのは、たぶん春を売る方であると考えられる。私がタバコを買いたいと路上でさけぶとタバコ屋がやってくるわけではなく、タバコの売り手が街角にあるので、そこで私はタバコを買い求める。これと同じように、性を売るという構《かま》えを持った女性がそこにいればこそ、彼女を買おうという男が出てくるというものだ。潜在的には需要と供給は互いに相手を前提するのであるが、顕在的には供給者の側のイニシアティブの方が強いのである。

だがこの自明のことがマスコミ世論では無視される。自己の肉体を商品化する行動をとっている女性が、非難されるどころかむしろ、清潔な女の代表であるかのように扱われる。そして自己の性を商品化した女性が、その商品を需要した人間に罵倒をあびせるのである。ヒューマニズムの欺瞞ぶりがこのような瑣事《さじ》においてもつらぬかれているということである。

二人の政治家がいるとして、他の資質において同じならば、女性問題などにおける人格的振舞いの清潔な方を誰しも選ぶではあろう。

しかし、そんな落ち着いた比較の議論はマスコミ世論に期待すべくもない。もっといえば、選挙民は人格的な事柄をそう大声で議論する資格をもっていないのである。

たとえば、政治家の政治資金を税金でまかなおうとか、国民の自発的献金でまかなおうといった動きは皆無に近い。それどころか戦後の日本人は、政治家というものをそもそもいかがわしい存在と見立て、その点を誇張して嘲笑や嘲弄の対象としてきた。それが立派な文明の一部とされている。政治漫画、政治評論の大半がそうしたものである。

つまり、よき政治家を育てることはおろか、よき政治家を期待するという風習すらこの国では希薄なのだ。むしろ人格的に欠陥のある政治家を弄《もてあそ》ぶのが国民の余暇活動になっているといえる。

権力者の最大の仕事は、集団リンチの犠牲者となることなのか

「馬鹿騒ぎ」

大衆的な行動においてはつねに正気が失われる。馬鹿が騒いでいるのではなく、騒ぐから馬鹿なのである。

百歩譲って、政治家の人格的特性が、マスコミのいうように、公共性の見地からして大いに問題なのだとしてみよう。それでも大きな疑問が残る。「社会の木鐸」とか「言論の公器」といっているマスコミ活動それ自体が公共性をもっているはずだ。つまり、新聞記者、雑誌記者、編集者そして執筆者もまた公共性にかかわる活動をしているということである。そうならば、彼らもまた女性問題を含めて立派な人格を要求されるはずだ。

しかし、そのように立派な人格で報道、編集、執筆をしている知識人は、とても多いとはいえない。パリやソウルで集団で現地の女性を買いに出かけている知識人諸氏だっているのである。で、その人たちの異国女性との交渉を公共の見地からと称して暴露すべきなのであろうか。

私にはとてもそうは思われない。彼らの第一義的な仕事である言論において、公共性に貢献する活動をなしているならば、彼らのいかがわしき人格は法に違反しないかぎり認めるか、せいぜいのところ軽い冷やかしを差し向けるくらいでとどめるのが大人というものである。

政治家にたいする人格批判は、かならずや批判者自身へ降りかかってくる。結局のところマスコミ人士のやり方は、自分のことを棚に上げて目立つ地位にある人間につぶてを投げる、火矢を放つということであるにすぎない。しかもそれを匿名でなすのである。

日本国民の多くも「濡れ手で粟」を欲し、自分の性衝動の放埒《ほうらつ》なる解放を求めている。そういう自分らのいかがわしい姿を棚に上げて、権力者にたいする集団リンチを楽しんでいる。人間のもつ数あるいかがわしさのうちで集団リンチがもっとも卑しいものだといってよいであろうが、わが国民はマスコミに誘導されつつこの種の卑劣に走って恥じないでいる。その結果、集団リンチの犠牲者となることに耐えるのが権力者の最大の仕事といった有様になってしまった。

なにゆえ目立つ地位にいるものつまり権力者が集団リンチの対象になるのであろうか。昔の魔女狩りや村八分においては、権力者よりもむしろ村のアウトサイダーといった様子の人間が集団リンチの対象にされた。

しかし民主主義社会においては、むしろそういう人々は弱者として厚い保護の下におかれ、そして強者であるはずの権力者が集団リンチの対象にされるのだ。この方式が民主主義のメカニズムとして確立されてもいる。

ところで権力とは何か。英語では権力のことをパワーという。そして自然現象のみならず社会現象においてもパワーは不可欠の要素である。なぜならパワーとは「力」

「ビジネス文明」

文明をつくり出したのが、生産と消費の爆発だったとするならば、現代の文明をもはやビジネスと切り離すことはできない。

のことだからである。力のはたらきがなければ自然・社会の秩序が形成されない。端的にいって、人間社会におけるパワーとは命令＝服従の関係において作動するものである。いかなる集団も、家族という小集団の場合をも含めて、命令＝服従の構造を多かれ少なかれもっている。要するに、人間社会の政治的側面にかかわるものとしての権力は、経済的側面における貨幣や文化的側面における言葉と同じく、不可欠なものである。

ところがパワーを権力と訳した途端に、ほしいままに物事を動かす恣意的な力、何事かを企む力といったような悪い含意が伴うということになってしまう。権力はまずもって批判の対象にさるべきものだという見方が民主主義的感情の重要な一部として定着している。強者の権力は批判さるべきであるが、弱者の人権は保護さるべきであるというふうに、同じ「権」であっても非対象的にとらえられるわけなのだ。

権力というものは、古今東西、人間社会の成り立ちにおいて必要不可欠な要素なのだという大人の認識をそろそろもたなければいけない。反権力をそれ自体として正当とみなすのは子供の認識である。

もちろん、絶対的権力が絶対的に腐敗するというのは正しいテーゼである。しかし同時に権力を絶対的な悪とみなすのは絶対的に間違いなのだというテーゼも認めてかからなければならないのである。

なぜ弱者が強者であるというような倒錯《とうさく》が起こるのか

反権力という子供っぽい名目の下に、新聞記者たちが彼ら自身で作成した「新聞倫理綱領」をすら踏みにじってきたことを銘記すべきであろう。

その綱領の第二章（ロ）には、「ニュースの報道には絶対に記者個人の意見をさしはさんではならない」とある。しかし記者諸個人の民主主義的感情、民主主義的意見がさしはさまれていないような報道を見つけるのは大いに困難なのである。署名の下にそれをなすのは、欧米にみられるように立派な見識といえる。しかし、無署名で、公正中立を装いながら、その種の感情や意見をさしはさむのはあきらかにルール違反である。

それ以上に問題なのは、（ハ）の「ニュースの取り扱いに当たってはそれが何者かの宣伝に利用されぬよう厳に警戒せねばならない」という規定である。

リクルート報道から消費税に至る、そして女性スキャンダルをはさむ様々なる報道が、政治の局面で野党筋の宣伝に利用されたのはあきらかである。

「ヒューマニズム」

赤裸々な人間はかくも卑しくあさましいものであるという反省と哀愁に満ちた認識。

世人のうちには、過ぐる参議院選で自民党が大敗したことをもって驚きの表情を示しているものもいるが、これは馬鹿気た錯覚だといってよいだろう。大マスコミが一年以上にわたって反自民党キャンペーンを張りつづけたのである。大新聞においては二千万人の読者、大テレビにおいては五千万人の視聴者がワンパターンの自民党批判に春夏秋冬にわたってさらされたのだ。これが野党の利するところとなって自民党は大敗した、とみるのが明け透《す》けの真実というものである。

このマスコミ報道の過程で、自分たちの報道が反自民党勢力にいかに利用されるかということに気を配ったマスコミ人士はまことに少ない。逆に、民主主義社会に蓄積されている反権力的な感情に媚びることによって、自分たちの新聞の売れ行き、あるいはテレビの視聴率を高めることが彼らの最大の関心事なのであった。

さらに、(二)に「人に関する批評はその人の面前において直接語り得る限度にとどめるべきである」という規定がある。しかし、たとえばリクルート報道において、法律違反の証拠のない政治家、経営者あるいは知識人にたいする誹謗《ひぼう》、中傷のうちには、とてもその人の面前においては語りえないようなものがたくさん含まれていた。

これはプライバシーの問題とも大いにかかわるところである。他人の固有名詞を挙げた上での批評は多かれ少なかれ他者にたいする批判は含むではあろう。しかし、ルールに違反した事柄でないかぎり、面前において直接語り得る限度の批判にとどめなければならない。ほのめかし冷やかし、あるいは礼儀を含んだかたちでの婉曲《えんきょく》的な批評という限度が守られることによって、プライバシーが尊重される。そして記者たちがみずから綱領をすすんで足蹴にしてきたのであった。

このように、いまや権力者あるいは有名人にたいする批判が野放しの状態になっている。それがまた民主主義の高まりとして肯定的に評価されてもいる。そして弱者とやらの権利がしばしば過剰に保護されている。

この保護によって、弱者が実は強者であるというような倒錯が起こるのは、集団リンチに典型的にみられるように、決して珍しいことではない。これは福祉や平等の過剰という現代社会の病理につながることであるが、次章ではその露骨な例を示しながら、さらにマスコミの憂慮すべき現状について考えてみよう。

「ヒューマニズムの欺瞞」

人間の原存在がほめたたえられるべきものであるとするヒューマニズムは、いってみればすべてが欺瞞である。

《4》

狂気の言論システム

デモクラシーと民主主義はかならずしも一致しない

何年か前、ある日本人の病人が、パリにおいてオランダ人女性を殺し焼き食べるという事件が生じた。パリの司法当局や病院は、なにゆえこのような日本の病人を自分たちの税金で診察し治療し管理しなければいけないのかと理不尽に思い、彼を本国に送還した。

彼らフランス人たちは日本を信頼しすぎたのだ。日本人たちがこの病人を自分たちと同じ厳しいやり方で診断し治療し管理してくれるだろうと期待したのであろう。しかし日本がわのやったことは、まず最初に精神病医たちがこの病人を正気に戻ったと診断し、そして釈放された。

つづいてマスコミの一部は「宮崎勤事件」（幼女連続誘拐殺人事件）とかかわらせて、この病人いや健常者と診断された人物に犯罪評論家として喋らせた。彼の方も病気がなおった以上、自分は健常者である、健常者であるのならば基本的人権はある、基本的人権のなかには表現の自由もある、という民主主義的原理を標榜して、犯罪評論の活動にたずさわったわけである。

「平等」

風俗ギャルも多額納税者も空巣狙いもこの私も、選挙のときは同じ清き一票である。これがはたして平等なのか。平等とは怪談なり。

彼が本当に健常者であったならば、かつて自分が一人の女性を殺害し焼却し消化したという事実を思い起こさせられたとき、再び狂気へと舞い戻るか、あるいはそれが叶わなければ、ひっそりと世間から身を隠して生きるということになるであろう。

自分の過去を病人であったとの理由で正当化し、そして人権や自由の回復をいいつのること、それ自体が狂気なのである。病理学としてはいざ知らず、社会的狂気である。

このことについて、本人が自覚しないのは当然としても、日本のマスコミが明確には認識できていない。であればこそ、依然として病人であるとしか私には思われぬ人物に発言の場を与え、それを自分たちの商売の道具として利用したのである。

基本的人権なるものはかくも惨めな水準にまで陥っている、ここに弱者の人権という民主主義的言辞の意味的な貧しさが端的に表われている。

しかしこれにはもっと大きな思想的背景があるのだ。

日本人はデモクラシーという言葉を民主主義と訳した。私が思うに、デモクラシーと民主主義はかならずしも一致しないのである。デモクラシーはデモス（民衆）のクラシー（支配）ということを意味するにすぎない。つまりデモクラシーというのは、それだけでは、良いものとも悪いものとも判断されていない中立的な概念である。

「フィクション」

言語をもちいたあらゆる構築は、たとえそれが虚構ではないにせよフィクションであることの宿命からはのがれられない。

さらにいえば、もしも民衆が賢明であるならデモクラシーから賢明な政治が出てくるであろうが、もしも民衆が愚昧ならばデモクラシーをつうじて愚昧な政治がもたらされるであろうということにすぎない。

つまりデモクラシーとは、社会的な意思決定の過程に多数者が参加し、そのなかの多数派で事を決める、という意思決定の一つの方式なのだ。その方式から真が出てくるか偽が出てくるか、善が出てくるか悪が出てくるか、美が出てくるか醜が出てくるか、それは民衆の資質にかかわっている。

しかしデモクラシーを民主主義と訳すと、価値的に素晴らしいものなのだという判断があらかじめつけ加わってしまう。

つまり民主の「主」ということの意味が問題なのだ。

これは主権ということを意味する。民衆に主権がある、あるいはあるべきであるという価値判断である。サブリン・パワーつまり主権とは、子供たちの教科書にもゴシックで黒々と説明されているように、「なにものにも制限されることのない最高権力」ということである。民衆が無制限の権力をもつ、またもつべきであるというのが民主主義という言葉のはらむ思想なのである。

健常者ならば、自分のいかがわしさ、知的かつ道徳的な不完全さを自覚せざるをえ

「ブーオロジー」

相手を非難することは一種の自暴自棄である。

ない。そのような不完全な自己に無制限の権力を与えよと要求することそれ自体が正気を失う第一歩なのだ。

少なくとも論理として、不完全なものに無制限の権力を与えよというのは無理なのだとすぐわかる。つまり、民主主義の思想のなかには、民衆がたとえ現在は欠陥多き存在であるとしても、試行錯誤をしながらいずれ知性としても徳性としても完全な存在に接近するであろうというおそるべき進歩主義、別名、おそるべきヒューマニズムの傲慢が含まれているのである。

「過去の喪失」がすすんだのは進歩主義のせいだ

これは日本人の思想のせいというよりも、十八世紀半ばにヨーロッパ啓蒙思想が作り出した悪しきヒューマニズムが極東の地に流れ着いた結果だといった方がよいのかもしれない。

つまり、当時の啓蒙主義者たちは、人間はパーフェクティビリティー（完全可能性）をもつと宣言した。完全なる神にかわって人間が完全な存在に接近するのだと宣言したわけである。そこから人間性への異常なる礼讃そして人間の権利の異常なる高まり

「腐敗」

絶対的権力は腐敗する。なぜならば選挙の洗礼を受けない権力は買収という手段を講じなければならないからである。

がはじまった。

それから二世紀半、人間社会は膨大な量の殺戮《さつりく》、裏切り、混乱を経験した。それにもかかわらず、この人間のパーフェクティビリティーという空語だけは根強く生き残った。とりわけ敗戦後アメリカデモクラシーの前に屈服させられた日本において、その空語が異常繁殖したわけなのだ。

健常者ならば、自己の不完全さがなんらかのかたちで制限されてはじめて、自分が真っ当に生きられるであろうと自覚するはずだ。そして自己にたいする制限がルールとかマナーとよばれるものであることを認めるはずだ。

このルール・マナーはかならずしも明文化されているとはかぎらない。というより、明文化されたものの根底に明文化されざるルール・マナーがある。つまり死者たちが歴史を通じて残してくれた「伝統の知恵」のようなものが隠伏的なかたちで生者を制限する。明示的かつ隠伏的なルール・マナーの体系によって方向づけられることによって、生者の健常な生が可能になるのである。

だが、とりわけ戦後の日本において、過去のおおよそすべてが誤謬の堆積物であるとみなされるようになった。そして過去から切り離される度合いが大きければ大きいほど、あるいは伝統を破壊する速度が速ければ速いほど、人間も社会も進歩に向かっているとみなすような軽薄な進歩主義の思想に染まったのである。

進歩主義の思想は左翼人士にのみ特有のことではない。すでに述べたように、日本のビジネス体制も新奇なるものの創造つまりイノベーションを、世界で群を抜く規模と深度で次々と展開してきたのである。ビジネスとはなべてそうしたものだともいえようが、いわゆる「日本の成功」がイノベーションを基準にして「ビジネス文明」といえるような形態をとったことはやはり特筆されるべきである。

進歩主義の思想は、単に一部知識人の空語としてではなく、日本社会の中心部にまで、そして全域にまで、根を下ろしてしまったということである。

そのために、日本人の多くは、自分らの不完全さを制限してくれるものがルール・マナーであるということを、そしてその奥底には「伝統の知恵」があるのだということを忘れてしまった。いってみれば、進歩主義のせいで「過去の喪失」がすすんだのである。

生者は聖者になりうる、という子供じみた自己過信が国民主権説の根本にある。その結果、たまたまの欲望、思いつきの意見、行きがかりの行動、それら一切が国民主権の名において肯定さるべきこととなってしまった。控えめにいえば、それを否定するための思想的根拠を失ったのである。

「フレーム」

人間が抽象的観念のなかで行動を起こすときそこに枠組が発生する。しかし世俗の欲望で動くときにはノンフレームとなる。これを無節操という。

民主主義的空語の下で狂舞している日本

いうまでもなく、国民は法律その他によって制限されてはいる。国民が「無制限の権力」をもったことなどありはしない。しかし、その法律をいかに新しく解釈すべきか、またいかに新しい法律を作るべきか、というような長期的な話になると、その新しき変化が自分ら国民の世論によって決まるのだと構えた。

そしてその世論が間違っているかもしれないという疑念を提出することはおおよそタブーとなった。無謬の世論というものの存在を想定しつづけているという意味において、国民主権説はやはり健在なのである。

その種の思想が未曾有の高まりに達した、それがこの昭和末年から平成元年にかけてのマスコミ世論の動きだったといえよう。

急いで留保を加えておかなければいけないのは、日本人が自分たちのパーフェクティビリティーを本心から主張しているのではないということである。誰しも内心では、生まれてから死ぬまで、不完全な状態をつづけていくしかないということを知ってはいる。しかしここでもセミオクラシーが、つまり「記号の支配」が発動される。

「国民は主権者である」、「主権者の自由は無条件に尊ばれるべきである」といった言葉がいわば符号となって人々の精神や言動を取り仕切る。その結果、あたかも自分が完全であるかのように振る舞ってもよい、という風潮が出来上がる。そう、流行しているのは風潮としての国民主権説にほかならないのである。

民主主義的な空語をちりばめた「記号の支配」の下にわが民主主義は呻吟している、いやその下で狂舞している。

もちろん人間社会は、古代から現代に至るまで、古代のマジックから現代のデモクラシーに至るまで、言語さらには記号によって作られてきた。人間は記号社会を作りつつ、その記号社会によって支配されるという意味での疎外から逃れられない宿命にある。

問題なのは、この疎外を疎外と感じることすらできずにいるという点である。民主主義的空語からなる言葉の機械的体系が一種のオートマティズムつまり自動性となって作動しているのだ。

人間にとっての自由とは、人間を支配している記号のメカニズムに対しても批評、批判、解釈を加えていくという言語活動のなかに生まれてくるものであろう。記号に意味が宿って、空語が生きた言葉になるのもそこにおいてである。しかしマスコミ世

「文明死」

自然の脅威の前では正気をただされるが、文明の脅威の前では、正気を脅かされる。

論にあっては、民主主義的な空文句が記号のように浮遊するという意味で、いわばデモクラティック・セミオクラシーが貫徹されているわけである。

自分たちをとらえている言葉の体系をいかにすれば自分たちのがわから批評し、批判し、解釈することができるか。そうした能力が各人に十全に備わっているとみなすのはこれまた国民主権説も同然の人間の傲慢というものであろう。

どうしてもこの批評・批判・解釈の作業のなかに「討論」という過程が入ってこなければならない。つまり各人の知性的および道徳的な不完全さが討論という社会的な場であきらかにされ、そして直されなければならないのである。また、この討論が人間社会の認識と倫理の進歩に貢献するのだという大前提こそが民主主義の正当性をかろうじて保証するのである。

現在のマスコミは戦前・戦中のものに比肩しうる

ところが、現在のマスコミ世論はまさに「討論の絶滅」という方向をすすんでいる。マスコミ世論の劣悪ぶりは今にはじまったことではないが、「討論の絶滅」を顕著に示している点で、現在のそれは戦前・戦中のものに比肩しうるといってよい。

この一年間におけるマスコミ世論の馬鹿騒ぎの経緯にあって、正論や異論が入り乱れた真剣な討論が闘わされた痕跡はみじんもない。むしろ徹底して討論を排除していくというワンパターンのマスコミ世論が世を覆ったのであった。

かつてトックビルがいったように、デモクラシーは往々にして「多数者の専制」に陥りがちなものである。またミルもいったように、少数者の賢明で繊細な感性や理性が多数者の凡庸で愚鈍な意見を掣肘《せいちゅう》していくということでなければ、デモクラシーはオクロクラシーつまり衆愚政治へと堕落していくものである。これはギリシャの昔からとうに気づかれていたことでもあった。

「多数者の専制」が避けられるとすれば、それは、多数者と少数者のあいだで、また多数派、少数派それぞれの内部で討論が遂行され、その討論のなかで多数派も少数派も当初の意見を変える可能性すらあるという場合である。討論なき民主主義は「多数参加の多数決」という一個の意思決定方式にすぎないものなのだ。

とはいえ、討論をあえてなすのは自分の意見を信じたいがためである、このことは認めざるをえない。自分が信じてもいないことを、信じたくもないことをわざわざ他人に向かって発言するとは考えにくい。しかし同時に、自分の意見が間違っている可能性があるということも討論に臨むものは認めておかなければならない。

「文明人」

文明の恩恵を受けている知的な現代人という意味ではない。文明がもたらした苦悩を甘受しようとしている人のこと。

つまり自分を疑うということがなければそもそも討論が成り立たないのである。各人が自分の意見を無謬《むびゅう》である、修正不能であるとみなしているならば、討論ではなく対決あるいは喧嘩しかもたらされない。

前にも述べたように、トレランスとは他人の意見にたいする寛容であると同時に、自分の意見が間違っているかもしれないという苦痛を耐えることでもある。その意味での忍耐である。

しかしマスコミ世論には、自分たちの報道や解説が間違っているかもしれないと構えるような忍耐の姿勢は少しもみられない。むしろ自分たちの意見が国民の世論であり、それに逆らうものは排除する、という討論絶滅の方向での言葉遣いが顕著なのである。

こうした状況を振り返ってみて、確認できることは、マスコミ世論の言葉遣いにあっては、価値の序列、意味の序列が次第に消滅しているらしいということである。

わかりやすい例でいうと、平成元年の参院選におけるいわゆる「四点セット」がそうである。消費税、リクルート問題、農業自由化そして政治家の不倫という四つの論争点のあいだでことの軽重が一向にあきらかにされていなかった。

どだいが、リクルート問題という下らぬスキャンダル、そしてそれ以上に下らぬ政治家の女性問題を、消費税という国家の大本にかかわる問題や農業自由化という国際関係の基本にかかわる問題と並置するのが異常なのだ。

しかしマスコミの狙いは、自民党はダーティーである、与党の政治家はダーティーである、というムードのなかに状況を包摂することなのであった。消費者の不満、貧乏人の不平、農民の怒り、女性の不快、それらを十把一からげにまとめ上げれば十分なのであった。さらにいえば、天安門やベルリンの壁で起こった事件と元芸者の告白とを区別しないのがマスコミ流である。

なぜ今日のような民主主義的ムードの大繁盛が生じたのか

価値の序列が転倒されたり矛盾させられたりすることもある。つまり、昨日までリクルートにかんして倫理の回復を要求していたマスコミ人士が、今日は、おのれの倫理綱領にすら反するかたちで他人のプライバシーを暴き立てるという倫理の破壊を楽しんでいる。

価値序列、意味序列が崩壊しているということは、マスコミ世論がニヒリズムに浸かっているということである。価値の基準なんぞはありはしないのさと高らかに宣言

「平和主義」

あたかも好戦主義が平和な状態を脅かしているがごとく錯覚をもたらしめる詐術的用語。

しているという意味で、彼らはニヒリストなのである。

しかし、ニヒリズムは破綻せざるをえない。本格的なニヒリストはおのれの虚無主義についてすら虚無を感じるほかなくなる。ニヒリズムは、論理としては、それを唱えている自分自身をすらニヒル（無）とみなすのである。だから、本当のニヒリストの住所は、墓場ではないとしたら、物陰と決まっている。

世にはばかるニヒリストはニヒリズムを中途半端なものにごまかしているのである。それもそのはず、言葉を吐くに当たっては、語彙や文体の選択に当たって、無自覚にせよ、なんらかの価値の序列に従っているのだからである。

マスコミが依拠するのはもっとも安易な序列である。つまりマスコミは戦後民主主義の古証文を動員する。平和、平等、福祉、人権といったふうな使い古された民主主義的価値が依然として重大なものであるかのようにみせかけることによって、なんとか価値の序列を再興しようとする。そういう半ば無意識の企ての結果として、戦後四十五年たったにもかかわらず、民主主義的ムードの久方振りの大繁盛という事態が生じたわけなのだ。

民主主義的な価値序列にあっては、「権利」という概念がどうやら最高位にあるようである。権利は英語ではライトというが、これはもともと「正しい」という意味である。

どうしてこの形容詞が権利という名詞に変じたのであろうか。「正しい」から「権利」への移行においてはヒューマニズムの思想が作用したと思われる。人間は生まれながらにして正しき方向を歩むものである、人間は完全可能性を秘めたものである、というのがヒューマニズムである。

少し注意深くいえば、少数の権力者は悪をなしがちであるが、多数の民衆は善へ向かって前進するとみなすのが民主主義を加味したヒューマニズムである。

ともかく、人間は正しいという思想が打ち立てられてしまえば、人間の意見や行動が権利として確立されて何の不思議もない。しかし、このようなものとしてのヒューマニズムの思想は、その流通力がいかほど大きかろうとも、誰も心底ではそれを信じることができない。

人間が自分の意見や行動のうちに正しさの基準を見出せないのだとしたら、自分を超え出たところに正しさの基準があるのではないだろうか、その基準を理解し摂取するのが自分の務めではないだろうか、と考えるところから宗教も道徳も発生したのである。

しかし近代社会は、とりわけ戦後日本は、あくまで自己のうちにそうした基準が内

「保守主義」

あえて保守と革新を対比させるなら、それは実像と虚像という関係である。

蔵されていると考えた。

いや、そう考えているかのように振舞うのが習慣になってしまった。それゆえ、各人の自発的意見の寄せ集め、もしくは平均としての世論があらゆる意思決定の基準となってしまったのである。

民衆の常識は知識人の屁理屈よりもはるかに上等だ

近代の創始期にあっては、世論というものは大いに疑われていた。ホッブスは世論をさして「不条理の塊り」とよんでいるし、民主主義の父といわれているルソーですらそれを「情念の塊り」とよんでいる。またバークにせよトックビルにせよ、世論の支配のなかに繊細さの欠如、自由精神の欠如、聡明さの欠如を少なくともその可能性を読みとっていた。

しかし、世論にたいする懐疑は、日本においては言論の表舞台では表明されず、右翼も左翼も中道も自分こそが世論の代弁者なりといってきたのである。

世論と闘う覚悟をもった世論だけが民主主義の拠るべき世論なのだという当然のことが忘れられている。これはマスコミ世論にかぎったことではない。

たとえば消費税をめぐって、多くの政治学者たちが、「参院選の結果は消費税にたいする国民のリコールなのであるから、民主主義の原則からして消費税は廃止さるべきだ」という。つまり消費税反対の世論こそが金科玉条だというのである。

その学者たちには間違った世論と闘う準備も気力もないのだ。自分の意見はどうなのかと彼らに尋ねると、自分は社会科学者ではあるが経済学者ではないので消費税の是非については判断を差し控える、というように答える。それならば当然の推論として、国民のほとんどすべては社会科学者ですらないのだから、消費税についての判断を差し控えるべきであろう、少なくとも未熟な判断を放言すべきではないということになるであろう。

ところが無知蒙昧にもとづく世論が消費税論議を制覇したということになる、学者や知識人は世論に屈して自分らの思考や判断を停止させてしまう。こんなことでよき民主主義がもたらされるとはとうてい考えられない。

また、政治家のがわも世論にたいして安易に取り組んできた。

田中角栄元首相は「民主主義とは多数決のことだ」と叫んだ。それに和している政治家がたくさんいる。皮肉の意味ではまさにそのとおりである。民主主義とは「多数参加の多数決」にすぎない。しかし、自民党が多数派の立場から「民主主義は多数決

「ポストモダニズム」

ポストモダニズムも一つのイズムなら、それもまたモダン(型)の一種であろう。

だ」というときには、多数派の方が真実に近いはずだという多数派礼讃の気持ちを込められているのであり、それがひいては民衆礼讃につながるのである。

民衆が常に間違っているとか常に欠陥だらけであるといいたいのではない。もしもそのようにいうのなら、私自身も民衆の一人にすぎない以上、私の述べてきたことがすべて誤謬だらけのことになってしまう。

民衆は、自己懐疑に立った他者との討論をつうじて言葉を組み立てるならば、真善美の基準に近づく。民衆の常識は知識人の屁理屈よりはるかに上等だとすらいえる。だからこそ昔のデモクラットたちは「大事なことは庶民にまかせよ、それが民主主義の原則だ」といったのである。

しかしそういう民衆の良き可能性を封じ込め蒸発させてしまうのがマスコミ世論によるセミオクラシーである。民衆の常識は、マスコミには登場しない影の声として、民主主義の泥沼の奥底にメタンガスのようにわだかまっている。

加えて民衆は、大衆教育と大量情報の発達のために、次第に疑似知識人と化しつつある。屁理屈を得意とする民衆がどんどん増えているわけだ。

少し慎重にいうと、現に存在しているのは「人々」であるにすぎず、その人々が二つの顔をもっているということである。一つは悪しきものとしての大衆性であり、もう一つは良きものとしての庶民性である。

大衆民主主義は、人々の庶民としての顔を曖昧にさせ、そして人々の大衆としての顔を際立たせる。そして人々の大衆性を拡大させ厚化粧を施しているものこそ、マスコミ世論にほかならない。

民主主義者が保守主義者たらざるをえない理由

討論の問題に戻ってみれば、討論がいうまでもなく言葉によってなされるものである以上、この言葉がどこからやってきたものであるかということをはっきりさせておかなければならない。

もし言葉が自分の発見・発明したものであるなら、価値序列のトップに「自分」をおくことも許されよう。しかし、個人で言葉を発見・発明したものはいない。瑣末な新語を作るくらいの能力は個人にあるかもしれない。が、この広大なボキャブラリーの体系、スタイルの体系そしてミーニングの体系を個人が作れるわけがない。

言葉はかならず過去からやってくるのだ。つまり言葉という問題を登場させるやいなや、われわれは、個人に内在する現在の衝動、気分、感情といったことを超えて、

「マイナーな問題」

有名人をやっかみ半分で袋叩きにすることは、たとえそれが連日連夜の大報道であろうとマイナーな問題である。問題にならない大問題。

過去という次元に引きずり込まれるのである。

もちろん過去の人々もわれわれのと似たりよったりの欠陥多き人生しか送れず混乱多き社会しか作れなかった。しかし彼らは、人生の失敗や社会の混乱をつうじて、よき言葉遣いを残そうとした。少なくともそう考えるのでなければ、われわれの依拠すべき言葉遣いというものがなくなり、そうなればいかなる言葉遣いで言葉を用いるべきかがわからなくなってしまう。

それゆえ、真の民主主義者は、言葉を大事にするがゆえに、よき言葉遣いの集合体としての伝統を保守する。そういう意味で、民主主義者は保守主義者たらざるをえないわけである。

民主主義と保守主義を対立させて考えるような観念の二分法こそが、われわれの言葉遣いとわれわれの討論を貧しいものにしてきたのだ。

保守派であることを、自分から名告《なの》るからには、まさか下らぬことを保守しようとしているのではあるまい。大事なことを保守しようとしているに違いない。要するに保守するに値するような大事なものとは何であるのか、それが重要なのである。

私は、ボディランゲジやマシンランゲジをも含めた広い意味での言葉こそが人間に文化を与えたと思う。したがって保守すべきものは言葉のなかに流れている伝統の精神であると考える。ここで伝統の精神というのは、工芸や芸能のような実態としての作品であるよりもむしろ、よき言葉遣いのあり方を指示するものとしての「精神の型」である。

残念ながらこの点も戦後日本においては確認されていない。戦後において、保守は現状維持のことだと誤解されてきたからである。

伝統擁護としての保守と現状維持としての保守がどうして食い違うかというと、それは戦後の現状の基本ラインが伝統破壊に邁進するという点にあったからである。つまり言葉遣いの倒錯が起こってしまった。伝統破壊の戦後の現状を保守するのが保守であり、伝統破壊の戦後の現実に不平を述べるのが革新であり進歩である、という倒錯が起こったのである。

マスコミ世論には失語症が進行している

このような顚末の帰結として、私たちは失語症にかかっている可能性が大いにある。マスコミ世論をみれば失語症ではなく多弁症ではないかと思われはするが、その多弁のなかには僅かの意味・価値しか含まれていない。言葉の意味が貧血症状を起こして

「マスコミ世論」

世論迎合型のマスコミと、マスコミ追従型世論の癒着。

いるという点で、失語症がまぎれもなく進行しているのである。

ホイジンガーが「文明のピュエリリズム（小児病）」とよんだのはこのことではないだろうか。文明現象としてのピュエリリズムとは「つまらぬ気晴らしに喜びを見出したがる傾向」といったくらいの意味だ。

リクルート騒ぎにせよ消費税騒ぎにせよ、すべてこの意味でのピュエリリズムである。またそうであればこそ、マスコミ世論は民主主義的な空語をリプリントしつづけることしかできないのであろう。

瑣細な気晴らしを無下に否定しようというのではない。人それぞれ、人生の味つけとしてそうしたものを必要としているであろう。しかし現在のマスコミ世論におけるそれはあまりにも低俗に流れている。まるで「ブーオロジーの時代」が到来したかのような趣きである。非難語のBOOが乱発されているということだ。

「イデオロギーの終焉」はたしかな事実である。イデオロギーとはアイディアのロジックである。観念の論理であり観念の体系、それがイデオロギーであるが、わが民主主義人士たちにはそうしたものとしてのイデオロギーを語る力はありはしない。

観念的力量を喪失したあとにはびこっているのは、他者に、とりわけ権力者や有名人にBOOを浴びせかけることである。BOOの体系だけは未曾有の規模で繁殖しつづけている。「イデオロギーの終焉」に続いたのはどうやら「ブーオロジーの開始」であったらしい。

実際、ブーオロジーの例は枚挙にいとまがない。ほんの一例を挙げてみよう。中曽根康弘元首相にたいして「巨悪」、「疑惑の元凶」といった種類の非難語が幾度も投げつけられた。私自身は、氏が巨悪の人であるのか小善の人であるのか、つまびらかにしない。

しかし、一年にわたるマスコミ世論がブーオロジーを展開した挙句、中曽根氏がいわゆる「スーパーコンピューター」にかかわったという証拠は何一つ示されなかった。検察庁の最終報告としても、そういう疑惑はなかったという宣告が発せられている。

ところがそれを聞いた上でも、マスコミは、自分たちが確固も傍証もなしに非難語を叫び回ったことについて謝罪や反省や訂正の意を表わしたことはただの一度もない。

特定の人物にたいしてこれだけ罵詈雑言《ばりぞうごん》を浴びせておきながら、口を拭おうとしている。いや「朝日新聞」は平成二年の元旦から、またぞろ、一片の証拠も示さずに中曽根氏の「新たな疑惑」とやらをいい立てたのであった。

つまり、氏の側近の決して不法とはいえない株取引のことをつかまえて、その差益金が中曽根氏に流れたのではないかと読者に思わせようと図ったわけだ。また、もう

「マスコミの責任」

企業が不良品を回収し責任をもって修繕を行うのはその方が得策だからである。マスコミがそれをしないのもその方が得策だからである。商人が損得以外の基準を持ち出すのは、彼がすでに商人ではないからだろう。

言及するのも面倒であるが、平成二年の春になって、プロ野球巨人軍の桑田投手が集団リンチの対象とされている。まともな証拠を何一つ示さないまま、桑田という少年も同然の一人の若者が「疑惑人」として言葉の火ダルマにされている。大マスコミも、NHKまで含めて、それを大ニュースとして報道している。

世人はこういう事態にすっかり慣れきって、ブーオロジーがいくら高揚しても、さして奇異の感を抱かなくなっているのだが、しかし冷静に眺めれば、これはまさしく文明の小児病である。これほどまでに言葉の意味を蔑《ないがし》ろにしつづけるなら、そのうち、言葉で駄目なら暴力で、といったふうに「テロルの時代」が近づいてくるのであろう。

ブーオロジーがブーオロジーとしての自覚をすら欠くようになると、立派に社会的狂気だといってよいのではないだろうか。

実際、西欧社会も、前世紀末、文明の袋小路にはまったとき、狂気を美化しようとしたのであった。それからの半世紀間、西欧社会はニヒリズムの運動によって席捲された。ナチズムやスターリニズムがその典型といえよう。また、芸術家の表現をはじめとして社会の風潮も、健常でないこと、正気でないこと、異常であること、逸脱することにことごとく特別の意味を与えるようになった。

平等主義や平和主義は多分に狂気を含んでいる

次の単純な論理が忘れられつつある。

狂気が何であるかを、はたまた狂気の面白さを理解し解釈するためにも、私たちには正気が必要なのである。

かつてチェスタートンは「平凡の非凡」ということをいった。「平凡なことは非凡なことよりもはるかに偉大なのだ」といった。ここで「平凡」というのは、伝統の知恵もしくは歴史の習慣に自己を基礎づけることである。伝統といい習慣といい、一見したところ平凡にみえるが、そのなかにこそ人間精神の真実が隠されているということである。

なによりも、私たちの言葉が習慣の体系なのである。しかもその体系たるや硬直したもの、平板なものでは断じてない。

人間存在はいつも矛盾に引き裂かれている。たとえば愛と憎しみに引き裂かれている。社会制度もまた葛藤に引き裂かれている。たとえば連帯と敵対に引き裂かれている。この人間および社会のかかえる矛盾や葛藤、さらには二律背反や逆説のただなかにおいて、かろうじて平衡をとろうとする精神の営み、その知恵の蓄積が習慣という

「マッチポンプ」

過剰報道をしておいて「これは過剰報道ではないか」という態度。

ものの本質なのである。

習慣のすべてが平衡の知恵からなっているわけではないが、習慣の中枢部にはその種の知恵が秘められている。そうみるのでなければ、人間は自分の生存や社会の存在にたいして意味を与えることすらできなくなる。したがって、習慣を破壊することに進歩を見出すものとしての進歩主義的な言動はまさしく狂気の沙汰なのだといわれても仕様がない。

西欧人は進歩主義を唱えはしたのだが、しかし同時に、それを疑いもしたのである。進歩主義を信仰しつつそれを懐疑するという緊張に富んだ精神の作業を西欧は持続させてきた。

しかし日本においては、進歩的文化人という俗称によく示されているように、進歩主義を軽信するのが文化的だとみなされてきた。その結果、慣習を足蹴にするような言葉遣いの方に正義が宿るとされ、伝統のことをいうものは悪しき保守反動と非難されるようになった。

進歩的文化人にかぎらず保守派知識人とよばれている人々すらがビジネスの技術革新によって推進される戦後の伝統破壊的な現状を維持し弁護すること、それが保守ということであると考えるような迷妄《めいもう》から覚醒《かくせい》しようとはしなかった。

それゆえ、現代における社会的狂気の淵源《えんげん》は進歩主義にあるといってもよいし、またその進歩主義をもたらしたものとしてのヒューマニズムにあるといってもいい。

つまり人間のパーフェクティビリティーを信じる人間主義は人間の欲望・意見・行動を直ちに進歩の源泉とみなすのである。さらには、そうした「主義」の派生としての平等思想や平和思想も狂気を多分に含んでいる。

正気を忘却させる現在の狂気の言論システム

たとえば、一つの言葉遣いを例にとると、欧米社会でパシフィストというと、なにほどか軽蔑の意味が込められている。というのも、平和を唱えていれば平和が達成されるわけではないということを欧米人はよく知っているからだ。平和を維持するために軍事が必要であるとか、大きな戦争を避けるためにはときとして小さな戦争もしくは戦争まがいの行動も要請されるということを彼らは知っている。

こうした緊張のうちに人間社会があるということを認めるならば、ひたすら平和を叫ぶだけのものとしてのパシフィストは、短見、臆病、偽善といったような心性をもっているということになる。それゆえ欧米でパシフィストといわれると、だらしな

「民主主義的感情」

考える努力にもとづかない意見が臆面もなく求める発言権。

く無責任な奴と批判されたことにもなるのである。

しかし日本では平和主義者といわれると、ブーイングとは無縁な立派な存在ということになる。それゆえ平和主義者は、世界の現実としての戦争の可能性を見据えるものにたいして、平和主義の見地から、民主主義的、進歩主義的、人間主義的な言辞を交えつつ、非難を浴びせるといった次第である。

ふたたびチェスタートンの言を引き合いに出すと、伝統の知恵もしくは正気の精神とは「荒馬を御すものの知恵であり平衡感覚である」。

たしかにそのとおりで、いつ狂気の奈落に陥らないともかぎらない存在としての人間、またどこで戦争のような悲惨にさまよい込まないともかぎらない機構としての国家、それらを際どく統御するのが正気ということなのだ。

自己に非平衡性が内在していると知ればこそ、そこでかろうじで平衡を保つことが重要な課題となる。豊かな平衡感覚に裏付けされた言葉と態度が要請されるわけだ。そして「伝統の知恵」とは緊張に耐える力、分裂に耐える力、平衡を維持する力としての言葉遣いや振舞い方を教えるものである。

マスコミ世論が犯している最大の悪は言葉遣いにおける平衡感覚を喪失する方向に日本人を誘導している点にある。一言でいえば、ピュエリリズムつまり文化的小児病の伝染媒体、それが現在のマスコミなのだ。

とはいえ、現在進行中の社会的狂気が上辺のものにすぎないことは認めなければならまい。人々の心の裏では、たとえばプライベートな会話の場において、みずからの狂気じみた言動を疎《うと》ましく思う正気がなおもかろうじて息づいている。そのことを、私は、小さな講演会を全国各地でやりつづけることをつうじて、強く実感させられている。人々の言動はいわば二重構造になっているのだ。表ではマスコミに迎合し、かくしてマスコミ世論の惨状をもたらしている。しかし裏では、その惨状を嫌悪してもいるのである。

が、マスコミは、人々の公平で冷静で真摯《しんし》な裏の正気に発言の場を与えない。正気は煽情性に欠け、ルール・マナー・エチケットに従うために回りくどく、結局、マスコミの商売には向かないからである。

この調子で社会的狂気が放任され社会的正気が抑圧されるという事態が継続するならば、正気というものがそもそも何であったかを人々が本格的に忘却してしまうのかもしれない。

ジャパンバッシングや巨大な難民流入などによって日本が大混乱にでもたたき落とされなければ、正気の自己発見はおぼつかないということなのかもしれない。そう思

「無神論」

神の存在をもっとも気にする人間。だから、無神論も宗教の一種であろう。

わせるほどにマスコミ世論の狂気の言論システムは、戦後民主主義という正気の仮面を被りつつ回転しつづけている。

反原発運動が社会的狂気である理由

幅広い心情的支持を受けている反原発キャンペーンにおいてすら社会的狂気が少なからず醸《かも》し出されている。

一見したところ、生命を守る、自然を守るという反原発運動は、正気そのものであるかのように思われる。しかし、わざわざ考えてみるまでもなく、人類は膨大な質量の文明死と共存して生きている、それが現実なのである。

たとえば日本一国をとっても、毎年、自動車事故で一万人の人間が死ぬ。原発がはじまってから三十五年間として単純計算をすれば、三十五万人になんなんとする人間が自動車事故で死んでいる。重傷者を含めれば自動車というものの存在によって回復不能なダメージを受けたものは百万におよぶであろう。全世界ではおそらく千万のオーダーになる。そのほか、食品、薬品などの方面における文明的産物が人間の生命のために回復不能な損傷を与えてきた。

反原発運動に一種の狂気がのぞかれるのは、他の文明死との比較においてなにゆえ原発事故死の危険だけが取り上げられるべきかが不問に付されているからである。

たしかに感情論としていえば、放射能は眼に見えぬものであり、不気味である。また自分の産む子供に遺伝子をつうじて回復不能な損傷を与えるという点でも放射能は怖い。しかし他の文明死もまた、確率現象として、回避不能なものとして人類に襲いかかっている。文明死、それはいわば社会的遺伝として、われわれの子孫へと引き継がれていくのである。

唯一の違いは、放射能遺伝による死は他人ではなく自分の子供におよぶという点である。

しかし注目すべきは、このいい分にはヒューマニズムを装ったエゴイズムが含まれているということである。社会的遺伝による死であっても、それが他人の子供の死ならば騒がないというのはエゴイズムではあるまいか。もし他人や他人の子供の死にも配慮するのなら、文明死全般について気掛かりになって当然であろう。

ところが人類ときたひには、この死臭漂う文明の恩恵をたっぷりと受けているばかりではなく、その恩恵をもっとよこせと福祉や平等を要求している始末だ。そして、どちらかといえば、福祉主義者や平等主義者が反原発運動に馳せ参じるのである。

「ムード」

マスコミが繰り出すポン引き的手練手管の一つ。

原発推進派も原発反対派も、文明の恩恵が文明による死と背中合わせになっているものだという明白かつ単純な事実を無視している。無視しないまでも軽視している。それでもやはり社会的狂気といわれて仕方ないのである。

さらに、反原発運動を含めて、「生命尊重」といっておけばそれだけで正義を誇るかのような風潮がある。しかしこれもどうやら偽善であり欺瞞《ぎまん》であるようだ。人類は植物および動物という他の生命体を貪《むさぼ》りつづけてきた。挙句《あげく》、飽食の病理すらが取り沙汰されている有様だ。

もし「生命それ自体」が尊重するに値するものだとしたら、あるいは一部の法学者が主張するように生存権というものが数ある権利のうちの最高峰に位置するものだとしたら、人間以外の生命、生存を破壊し尽くさんばかりの勢いにある文明それ自体にたいしても、「生命尊重」や「生存権」の見地から、批判が差し向けられるべきだ。

そのような批判がないわけではないが世論の表面にまでは達しない。それも当然で、マスコミ世論は物質的・技術的な福祉のいっそうの拡充を求めてやまないでいる。他の生命を貪欲に破壊しているのがわれわれの文明だとわかれば「生命尊重」をいう場合にすら、羞恥の感情に襲われて当たり前であろう。またそのようなものとしての文明から引き返すことの困難を思えば、慚愧《ざんき》の念を抱くほかないのである。

近代人が公然と採用した傲慢な前提とは何か

人間の「生命それ自体」に至上の価値があるとみる見解は実は比較的新しい価値観なのだ。せいぜいが近代の発生とともに流布された価値観にすぎない。

かつては生きることそれ自体の意味は、ゼロとはいわぬまでも、希薄《きはく》であった。生きることの意味は、生命が「よく生きる」ための素材であるということから派生するものだとしか考えられなかったからである。大いに逆説的なことに、「良く生きる」ためにあえて死を選ぶということもかつてはありえたわけである。

しかし近代人は、人間のパーフェクティビリティーという傲慢な前提を公然もしくは暗黙に採用したために、生きていればそれだけで良き生き方つまりパーフェクションに接近できると無謀にも思い込むことにした。正確にいえば、そんな思い込みは不可能なのだが、世論のレベルで流通させる言葉として、その種の傲慢あるいは無謀を押し通そうとしたのであった。

人間の生命にたいするかつてない称賛が、それにたいするかつてない大量殺戮に並行して、つづけられているのはそうしたわけなのだ。

「唯物論」

人間に対する絶望と人間の思い上がりをダンゴにして一つの観念をつくりあげるとすれば究極においてここにたどりつくのであろう。

人間の精神が大いなる逆説のうちにあるということを知るのが大人たることとの第一歩であろう。

たとえば、とりわけ男の場合、勇気の問題ということがある。勇気というのは相当に逆説的な振舞いなのであって、自分の生存のために自分の生存を賭ける、つまり死を覚悟するということも起こりうる。死を覚悟しないような勇気は本当の勇気ではないとみなされてきた。それゆえ精神的動物としての人間は、たとえば勇気という精神の操作におけるように、生と死のあいだでバランスをとるほかない。

これと同じようなことが文明一般についてもいえるはずだ。たとえば、愛と憎、連帯と敵対、同調と逸脱などのあいだでバランスをとることが「よく生きる」ということなのだ。

こうした逆説の不可避性そして平衡の必要性を度外視して「生命尊重」をいうのは人間らしからぬ、ついでにいえば男らしからぬ思想である。それをもし女々しいというなら、女々しきものの蔓延、それが文明の現状のようである。

生命それ自体の尊重という近代特有の価値観と関連しながら平等思想が生まれてきたことにもふれておきたい。

つまり、生きているという点ではたしかに人間は平等である。そして人間の生にたいしてパーフェクティビリティーの展望が与えられるや、人間は根源的に平等であり、また平等であるべきであるという思想が確立される。人間の能力における不平等のことに言及するのは次第にタブーとなる。生命それ自体の尊重につれて、生命以外の人間的資質はいわば生命という溶液のなかに融解しつつあるといった光景である。

通常には、この種の思想を宣したのはフランスの「人権宣言」であったといわれている。また平成の元年においても、フランス革命からちょうど二百年というので、「人権宣言」を謳歌する向きも少なくなかった。

しかし「人権宣言」においてすら、その第六条に、人間は能力による差別を受けざるをえない、ということが明記されているのだ。つまり戦後日本の平等思想は、「人権宣言」をすら超え出るものであったということである。能力による差別を廃止せよという言説、少なくともその方向に近づくのが正しいのだとする言説が勢いを増していったのがこの四十五年間である。

能力による差別を廃止しようとする平等主義は自由の扼殺《やくさつ》だ

人間の能力の差はまず遺伝的なものである。この差異を解消するのはいうまでもな

「優先権」

秩序を形成する最大の因子の一つ。社会を混乱に陥れるのはこの優先権の法則を否定するだけでいい。

く不可能である。次に環境的な差というのもあって、そのうちには、人間が自分の育つ時代や地域や家族を選ぶことができないという一事からもすぐわかるように、解消できないものがたくさんある。

この解消不能な能力差の存在を包み隠さずに認めるほかないのではないか。その能力差に応じて様々な社会的格差を設けざるをえないということも認めるほかないのではないか。

なぜなら、現代におけるもう一つの価値である「自由」はこの能力差を認めるところに成立するものだからである。これは自由論の根幹をなす論点だといってよい。

かりに人間社会から一切の区別、差別を取り払ったとしたら、自由は死に絶えるであろう。人間一人びとりがいわば宿命としての差別を背負い、そのおのれの背負った宿命といかに闘うか、その決意や努力のなかにこそ自由の進化が宿るのである。

近代は「身分」という差別を徹底し、そこに「自由」を構想した。しかし近代といえども、能力差による差別を廃止することはできない。そんなことをすれば、自由の底が抜けるからである。逆にいうと、能力差による差別すらをも廃止せんとする平等主義は自由の扼殺である。

そして平等主義に激しく傾いた戦後日本人は自由という言葉を覚えはしたのだが、

自由の真意をいまだ理解してはいないようだ。放縦放埒という意味での自由ばかりが増大している。つまり「秩序からの自由」というやつである。

かつて十八世紀に、リバタリアンといえば野放図で鼻持ちならぬやつとして軽蔑されるのが常であった。戦後日本人のいう自由はこの悪しきリバタリアニズムなのである。

よく「結果の平等」（イコール・リザルト）は悪平等なのであって、めざすべきは「機会の平等」（イコール・オプチュニティー）だといわれる。自由主義の哲学的闘士ともいうべきハイエックなフリードマンをはじめにして、自由主義者たちは「機会の平等」を主張している。しかし、能力差の存在を厳然として認めるなら、「機会の平等」すらもが実は大いなる程度において虚構なのだということも認めざるをえない。

というのも、私のように背の低いものにも相撲とりになる機会やプロレスラーになる機会が開かれているといっても、それはまったくの形骸としての機会にすぎないからである。

能力に差異があるなら、機会においても差異がある、この残酷な事実を認めるところからしか社会は成立しない。

ところが、ヒューマニズムの思想にあっては、平等主義がまず「機会の平等」とし

「豊かさの逆説」

満たされたとき新たな欠乏を感じるのは、人間の欲望は、とどのつまり破滅に向かうまで終わりがないからである。

て認められ、次に福祉社会の進展と相まって「結果の平等」としての平等主義ががんじがらめに確立されてしまった。

とくに日本において、その平等主義が世界に抜きん出た水準で達成されてしまったのである。

少し余談にわたるが、ある外国人の歴史学者が日本のあちこちで研究会をやり、そこで日本の多くの知識人が「日本はクラスレス・ソサイアティー（無階級社会）である」と誇らしげに語るのを聞いた。それを受けて彼も「自分の見聞した日本社会は世界に冠たる無階級社会であり、まことに素晴らしい」と報告した。

そこで私は、いくぶん皮肉っぽく、無階級社会のどこがいいのか、と反論してみた。すると彼はニヤリと笑って「君は本当に日本人なのか、その話はコーヒーブレイクのときにしよう」と答えた。

つまり彼は無階級社会あるいは平等社会という標語が表面のものにすぎないと自覚しているのである。裏側では、階級社会の温存をも含めて、なんらかの格差づけのある方が人間社会として真っ当だと認識しているわけだ。その学者にかぎらず欧米人の平均的見解とはそうしたものであろう。

だからこそヨーロッパには階級社会を含めて様々なる古き伝統が残されている。また、それらを残すことに躍起《やっき》になっている気配でもある。

戦後日本は、戦争に負けたせいかもしれないが、戦争によって平たく焼き尽くされた島国の上に、平たい平等社会を作った。そこで動員された大義名分は欧米社会の表面のスローガン、つまり「階級社会の打倒、平等社会の達成」ということであった。欧米の上辺の価値観に文字どおりに殉じたことをもって、戦後社会の誇りとしたのである。しかしそれはいかにも敗戦国にありがちの軽率な判断だったといってよいであろう。平等の過剰が自由の圧殺につながるという可能性について私たちはあまりに無頓着であった。ほんの一例を挙げてみよう。

普通選挙制は素晴らしい制度ではなく、やむをえない制度にすぎない

日本国憲法には「国民は納税の義務を負う」と規定されている。しかし総選挙における有権者の三分の一は税金を払っていないといわれている。税金を払っていないものが税金を払っているものと等しく投票権を有しているわけだ。

断っておくと、私はこのこと自体に反対しようとしているのではない。普通選挙はすでに確立された制度であり、これを財産や税金の額にもとづいて投票権を配分する

「幼児の論理」

幼児にも論理はある。しかも盤石である。盤石な理由は、おとなはこの論理を論破する自己嫌悪にとても耐えられないからである。

ような制限選挙に戻そうというのは非現実的であるし、また金銭的な力量と政治的な判断力のあいだに明確な相関がない以上、それはおそらく非合理的でもあろう。

しかし、実践的な方針としてではなく思想の問題として、納税という憲法的義務すら果たしていないものたちが納税の義務を遂行しているものと同じく一票の権利を行使しているということについてなんの異議も提出されていないのもまた不自然きわまりない。それだけ強く平等主義という単色の思想が、しかし義務における平等ではなく権利における平等の思想が、日本を彩ってしまったということなのであろう。

普通選挙制はまさしく平等主義の結晶といえる。思慮深い人間も軽率な人間も、勇敢なものも臆病なものも、納税の義務を果たすものも果たさないものも、みな等しく一票ということで権利の地ならしをしたのである。もちろん、現実的にはそれはやむをえない措置である。政治の次元における人間の能力差を確定するのは極度に困難だからである。

ただ、普通選挙制は素晴らしい制度なのではなく、やむをえない制度にすぎないのだということくらいは認めてしかるべきである。理想論としていえば、政治判断なり政治行動なりにおける能力の差がかりに測定できるものなら、人それぞれに違った票数をあてがうべきなのだ。しかし、こうした理想論を語ることすら、平等主義のイデオロギーの前では禁忌とみなされている次第である。

このようなものとしての投票制度は民主主義において「世論」なるものが決定的に重要な役割を果たすということとも連動している。つまり各人が等しく一票の重みをもっているということと各人の意見が等しい重みをもっているということとは思想的に同じ平面にある。

世論とは多数の人間の意見を集計して、そこで多数派の意見を確定する作業の結果である。これが民主主義の基礎だとみなされている。つまり現在の民主主義に横行しているのは投票および世論にみられるようにとことん数量的な思考なのである。そこには判断や意見の優劣にかんする質的な評価は排除される。その結果、討論なしの投票、議論なしの世論であっても民主主義の立派な基礎だとされる有様である。

その結果、平成元年の参院選で大敗した自民党が二年の衆院選では、その間に選挙のイッシューはまったく変わらず、また消費税や政治倫理や農政についての議論はまったく深められなかったにもかかわらず、圧勝するというようなことが起こる。要するにムードが変わったので世論も変わったのである。

ともかくビジネス体制における販売数量の重視、選挙行動における投票の重視と、世論調査における統計の重視、これらは互いに連携しながらこの民主主義に量的性格

「流通」

「断じて許せない」ということばが商品として流通すると人々は先を争って売場へ殺到する。

を濃厚に付与している。

その意味でマスコミはまさにマスコミである。つまり「マス」とは大量ということであり、大量であることそれ自体を重視するというミオクラティックな雰囲気をマスコミが醸成し、民主主義社会がそのムードに染め上げられているわけだ。

権利思想が喧伝《けんでん》され義務思想が無視されるのはなぜか

このムードから逃れたいと思うものは投票「権」という言葉にも異議を申し立てるべきであろう。それはむしろ投票「務」とよばれる方が適当なのである。というのも、大規模選挙においては自分の一票で事が決まる可能性はほとんど零だからである。

もしそれをしも「権利」だというのなら、零の重みしかもたないような行動は棄権するという人々が出てきても文句はいえないはずだ。このことに人々が気づけば、大規模選挙のかたちをとらざるをえない総選挙は一挙に崩壊する。

ほかのいい方をすると、総選挙とは零に等しい重みの票を大量に集計するところにかろうじて成り立つものだということである。

とすれば、投票は義務である、としなければならない。ほとんどゼロの重みの一票ではあるが、投票は国家を構成するための義務である、という理由によって選挙民に投票を強制しなければならない。この義務を果たそうとしない人間、たとえばこれまでの私のような振舞いをする人間には、義務不履行の咎によって罰金を科したり、極端な場合には市民権を剥奪したりしなければならない。現にイタリアやオーストラリアは投票は義務とされているのである。

しかしここで確認したいのは、投票をめぐる制度論よりも思想論である。戦後、日本においては平等思想に励まされつつ権利の観念が拡大の一途を辿《たど》ってきた。だがそろそろ義務の観念を個人生活や社会関係のなかで構築する必要があるのではないか。もし、真偽、善悪そして美醜を区別する基準がどこかにあるのだとすると、その基準を探すのが人々の道徳的義務となるであろうし、その結果おおよそ正当と思われる基準が暫定的なものにせよみつかったとすれば、またそれについての社会的合意がおよそ成立したとすると、その基準に従うという義務を果たすのが、人間が「良く生きる」ための第一条件なのである。

このように考えるのが「義務の思想」であり、そこにおける権利は、たかだかそうした基準にもとづいて形成される「禁止のルール」に違反しないことという許容事項を意味するにすぎなくなる。

「ルールの侵犯」

ルール無視の感情論で他人のいかがわしさを追及するのはまことにもってルール違反。中曽根は巨悪だ、がこの論法。

しかし現在のマスコミにあっては、権利思想はこれでもかこれでもかと喧伝されるが、義務思想について言及されたことは滅多にない。

一例を示せば、マスコミは「知る権利」や「言論の自由」を主張する。その延長で、権力者や有名人のプライバシーを「知る権利」や露骨なセックス記事にかんする「言論の自由」すらが叫ばれる。自分たちの報道や評論には基準があること、そしてその基準を守る義務があることについてはたいがい等閑視される。

なぜこういう状態になったのか。権利の拡大と義務の縮小、それが戦後日本の基本方向なのであった。そのことが端なくも日本国憲法によく表わされている。

自由の定義をしている第十三条では、「公共の福祉に反しない限りの自由」というい方で自由にたいする制限が設けられている。忖度《そんたく》するに、GHQの憲法作成者は、この条文を書くときに、権力者の自由も野放しにするならば一般国民に迷惑がかかる、と考えて「公共の福祉に反しない限り」という制限を付したのであろう。

ところが、憲法第二十一条で、集会、結社、表現の自由を規定する際には、「公共の福祉に反しない限り」という制限は取払われている。これまた忖度するに、言論や結社などは権力に逆らう国民のがわからの運動において重要なものになるとGHQは考えたのであろう。つまり、国民の表現活動はまずもって正当なものである、それゆえそれに制限を付す必要はない、というふうに半ば無自覚のうちに考えたのであろう。そして現在のマスコミはまさにその考えに沿っている。自分たちの形成するマスコミ世論が、権力者にたいする国民の抵抗であり、批判であり、反撃であるという文脈で、「知る権利」や「言論の自由」を謳歌しているわけだ。

民主主義社会の第一権力はマスコミである

だが権力者とはいったい誰のことなのであろうか。マスコミ世論によれば、権力者とはたとえば自民党の代議士であり、財界の首脳であり、官界の首領であり、芸能界の有名人のことだとされている。しかし民主主義の原理に立てば、マスコミこそが第一権力だということになる。少なくともそうかもしれないと考える方が民主主義に適合している。

なぜなら民主主義とは「世論にもとづく政治」のことだからである。それはマスコミ自身が要求しているところでもある。日教組もそのことを子供たちに教え込んでいる。そうならば、世論を動かす勢力があるとすれば、その勢力こそが民主主義社会における第一権力もしくは基礎権力であるということになる。

「レジスタンス」

抵抗は、主として孤独なる精神の不服従である。敗戦をよろこんだ精神の無条件服従は、はてしなき精神の弛緩と退廃を生まずにおかない。

そしてここ数年間のマスコミ世論の騒ぎを眺めただけでも、マスコミが世論形成に絶大な影響力を行使していることは否定すべくもない。日本におけるマスコミの大規模性と画一性のことに注目すると、このことはほとんど自明である。

欧米社会のクォリティーペーパーつまり上等の新聞の販売部数は五十万部前後だといわれている。また紙面における討論も日本と比べて格段に活発だともいわれている。

他方日本では、大新聞の合計販売部数は三千万部に近く、紙上討論などはサシミのツマといったような画一的な編集ぶりである。また地方紙にしても、とくに政治面の記事については中央の通信社の傘下におかれている。

テレビにしても民放はすべて新聞社の系列に属している。テレビには俗悪番組があふれているが、政治方面の報道・解説にかんしては急に真面目ぶったポーズをとり、系列新聞社の社論と同じ軌道を走ろうとする。

テレビで視聴率一パーセントというのは百万人がみているということである。少し評判をとるニュース番組は一〇パーセントの視聴率を誇っている。結局、大新聞とテレビを合わせて一億二千万の国民がすべてマスコミの世論操作に身を委ねているわけだ。

このような文字通りの「マス」伝達から身を守るほど国民が批判精神にみちている

としたら、わが民族はまことに偉大であり卓越しているというしかない。しかし、マスコミの情報汚染から逃れようと努力する人々がいないわけではないのだが、圧倒的大多数の国民は内心怪訝な気持ちを抱きながらも、結局はマスコミ世論に引きずられている。

このように考えてくると、民主主義の定着した社会における第一権力、基礎権力はマスコミなのだ、と結論づけてよいのではないか。

民主主義が未熟な段階においてならば、マスコミはアンシャンレジームの権力を批判するという重要な役割を果たすことができるし、実際にそうしてきたといえる。しかしそれは民主主義が形成途上のことにかぎられるのだ。

ひとたび民主主義が定着すれば、世論を動かす勢力が第一権力になるというのは論理的必然である。その第一権力が旧態依然として反権力を気取っている。第一権力が権力破壊に入れば秩序破壊に終止符は打たれないのもこれまた論理的必然である。この数年私たちが見せつけられたのはそうした事態だったのである。

歎かわしいことに、こうした倒錯した権力観に浸っているのは、マスコミ関係者だけではない。政界も財界も、言論界も国民感情も、マスコミのことを権力の外部にいるアウトサイダーだとみなしてきた。

「連続性」

伝統的価値が有益なのは、時間の連続性がたかだか百年に満たない人間の一生において、言葉という身に余る歴史的恩恵を授けてくれるからである。

それゆえ、適当にマスコミに迎合しておけば、適当にマスコミに謝罪しておけば、適当にマスコミをごまかしておけば、いずれマスコミの秩序破壊行動も沙汰やみになるであろうとたかをくくってきたのである。しかしマスコミは権力の中枢部に、自他ともにそれと知らぬ間に、のぼっていたのである。

マスデモクラシーつまり大衆民主主義はいよいよもって完成の域に近づいている。プラトンもアリストテレスも、バークもトックビルも、もしこの世に生まれ返ったとしたら、デモクラシーの腐敗にたいする自分たちの心配がこの島国に未曾有の大きさと深さで現実のものになっているのをみて、たぶん腰を抜かすに違いない。

あとがき

人間は、幸か不幸か言葉をもったために、不断に拡大してゆく意味の宇宙に暮らすしかない精神的動物のはずだ。その宇宙がペニーペーパーのせいでどんどん貧しいものになっている。

ここで、ペニーペーパーというのは、十九世紀半ばのアメリカに出現した大衆的な廉価紙《れんか》のことであるが、その後ペニーペーパーは世界をほとんど隈《くま》なく覆いつくし、とくに日本はペニーペーパーの密集する場所になっている。そこではまったく安手の意味しかもたぬ情報が反古《ほご》の山となって堆積《たいせき》している。

テリーコスモスつまりテレビの宇宙に住まうようになったことこそが、人間社会に意味的衰弱をもたらした主要な原因だという見方もある。それはそうなのだが、テレビにおける俗悪な娯楽番組も低劣な報道番組もやはり言葉を軸として構成されていることは間違いない。

純粋に視聴覚のみを標的とするテレビ番組はごくわずかなのであって、言葉による意味づけを俟《ま》ってはじめて映像も音楽もテレビのなかに定着するものである。そしてテレビにおける言葉を方向づけているのはペニーペーパーなのだ。

週刊誌とて同じことだ。週刊誌において眼を覆いたくなるような個人攻撃やプライバシーの侵害がたて続いているのは、そうしてもよいとペニーペーパーが認められたからである。新聞が週刊誌に情報を流し、週刊誌上でスキャンダルが盛り上がったとみるや、それを新聞における煽動材料として用いるというかたちでのペニーペーパーとイエロージャーナリズムの協力関係もどうやら確立されているようである。

こうした言葉の環境のなかで生きることを強《し》いられている私の気分を掛け値なしにいうと、まずカキストという言葉が思い浮かぶ。それはアリスト（最優等）の反対語で、最劣等ということを意味するギリシア語である。少なくとも意味的にみて、かつてない劣等な精神環境のなかに自分がいるのではないかという思いが否応もなくつのるわけなのだ。

たとえば、電車のなかのブラ下がり広告をみてみられよ。『経団連会長・昼酒浸り』という大見出しのことが気になってその週刊誌を買ってみると、内容は、「昼間、経団連の関係者が会長に会いにいったら、プーンとかすかに酒の匂いが漂っていた」ということに尽きるのである。

また、『大疑惑人、桑田真澄』という見出しにつられて週刊誌を読んでみると、若きプロ野球選手桑田氏がスポーツ用品の会社員からわずかな小遣いをもらったということしか確かな内容はない。それで桑田氏が反省文を書くといったような小学生も唖然とするような下らぬ顚末《てんまつ》がＮＨＫニュースとなって流される始末である。大新聞ももちろん大々的にそれを報道している。

大人たるもの、この世に『プロ野球倫理綱領』とかいうものがあり、そこに「プロ野球の選手は国民の模範でなければならない」というようなことが書かれていると知らされれば、まずもって呵々大笑するのでなければならない。プロ野球の選手が模範になるのはボールを投げたり、打ったりすることについてであって倫理についてではありえない。

何を読んでも何を観てもすべてこの調子であるから、マスコミというものに接する私の時間はますます短くなってくる。新聞は便所に座って三分間、週刊誌は電車のブラ下がり広告のみ、テレビは自然や歴史の記録物を別とすると、志村けん氏やビートたけし氏の最初から俗悪を承知の上でのお嗤《わら》いものをたまに眼にするだけである。それで私の私生活上には何の不都合もない。不都合なのは、そんなものにすぎないマスコミが世論をつくり、時代の雰囲気を醸成《じょうせい》し、ついには国民の表情や振舞いにも型を与えていく点である。隠遁《いんとん》したり亡命したりしてしまえばこの不都合も回避できるわけだが、悲しいかな、私にはまだ闘争心のかけらが残っている。マスコミ世論の現状がまともな人々の気持ちを隠遁や亡命に傾かせるほどに醜いものであることを、まだ暫《しば》しのあいだ、マスコミ世論に向かって指摘してやりたいのである。

同じことだが、マスコミ人士の傲慢と愚劣を横眼にみて黙っているのはどうも私の性分に合わない。素朴にいって、人生体験も知力も表現力も私ごときものにすらおよばぬ連中が、なぜ、他人のことを、喧嘩を売られたわけでもないのに、実名を挙げて、プライバシーにもおよびつつ、無署名のままで、体系的な思想も理論も展望もないままに、私企業の利益に奉じることを最大の目的にして、あげつらうことができるのか、その性根が私には不可解である。そういう人種はいつの世にもいると承知してはいるものの、「社会の木鐸《ぼくたく》」とか「言論の公器」とか「世論の道標」とかを僭称《せんしょう》したうえでそうした卑劣をなすものたちが、いったい何を目的にして、いずれ死に終わるほかない自分らの人生を組み立てているものであるか、それが不可解なのである。

そういう卑劣をなさなければ生きていけぬという事情があるのなら話は少し別だ。しかし深刻な人手不足が取り沙汰されている昨今、卑劣に明け暮れしなくても生きていける途《みち》は探せばどこかにあるはずだと私には思われる。

マスコミ人士にかぎらずマスコミの読者にしても視聴者にしても、いくら退屈とはいえ、どれほど苛立っているとはいえ、マスコミの集団リンチに馳《は》せ参じていくというのはどうかしている。リンチの対象が罪人だとはっきりわかっている場合でも、よほどの場合でなければリンチに参加しないのが大人の節度である。

ましてここのところ頻発している集団リンチの対象は罪人なんかではない。せいぜいが社会の平均より抜きん出た多くの金銭をルールすれすれのかたちで稼いだというのがリンチの理由である。福沢諭吉もいっている、「およそ人間には不徳の箇条多しといえども、その交際に害のあるものは怨望《えんぼう》より大なるはなし」と。

なぜ嫉妬や怨恨の感情に身を任せるのかというと、人生の目的を失っているからである。いや、人生の目的を見失うのは大いに一般的なことであるが、自分の目的喪失を自覚できないこと、また、仮にそれを自覚したとしても目的回復の意欲を失ってしまっていること、それが怨望の感情を異常に肥大化させるのだ。

怨望が人間社会にとって最大の害悪であるのは、それが言葉という社会の紐帯《ちゅうたい》を腐らすからである。言葉が欲望にもとづいて紡《つむ》がれるようになると、社会秩序の根幹をなす価値、規範、規則そして慣習の総体が崩れはじめる。そんな精神的土壌の上に咲くのはフラジャイル・フラワーつまり「ひよわな花」にすぎない。

欧米諸国のマスコミもけっして自慢できる状態にはないとはいえ、日本におけるほど怨望を野放しにはしていない。彼我のマスコミ世論の動向を比較すれば、欧米のほうが日本よりもより強靭《きょうじん》な精神を保っているであろうという予測は十分に成り立つ。

日本は、世界が深刻な悩みに真剣に対処しているあいだ、噴飯ものの馬鹿騒ぎを世界にみせつけた。そのことを日本のマスコミは世界に告げて回った。その結果、日本の繁栄が「ひよわな花」であるらしいと世界は知ったのではないか。

「ひよわな花」が熾烈《しれつ》な国際摩擦に堪えられるわけがない。集団リンチに勇んでかけつけるような連中は、自分が批判・攻撃される立場に陥るや、集団ヒステリーを起こして右往左往するばかりである。

現在進行中の円安・株価低落の動きの背景には、日本のこうした脆弱《ぜいじゃく》さにたいする判断もあると私は思う。経済も結局のところは政治・文化のあり方によって左右されるのであり、政治・文化の強弱はつまるところは世論のあり方によって定まる。

日本の政治・文化を率先して弱いものにし、そうすることによって日本経済の長期的枠組みを弱体化させてきた日本のマスコミが、「日本経済の先行き不安」について云々するのはほとんど笑い話のようなものというしかない。

有能な人材を怨望の歯車にかけ、集団リンチによって次々と葬ったあとで、この世には有能な人材はいないのかと嘆いてみせる、それがマスコミ世論の変わらぬやり口である。ここ数年の日本はそのやり口のモデル・ケースを示したのであった。

九〇年代はこうした愚行のツケを支払わされる十年間となるであろう。その悪戦苦闘のなかで、身を捨ててこそ浮かぶ瀬もあれといった調子で、良き言論への手掛かりが得られないともかぎらない。少なくとも隠遁・亡命を決意するまでは、そういう希望があるとしなければならないのだ。

かつてある哲学者は「トゥゲザー・アンド・アローン」を自己の哲学的立脚点にしていた。つまり「人々と一緒に、しかし人々から離れて独りで」というふうに精神を二重に操作する必要をいった。これになぞらえれば、「マスコミ世論と一緒に、しかしそれと闘いながら自分独りで」というのが九〇年代における知識人の基本姿勢でなければならない。

おわりに

昭和六十三年、私はある大学を辞めた。もともと辞めたいとは考えていたのだが、故《ゆえ》あってほぼ一年にわたる喧嘩というかたちをとってアカデミズムの世界を離れたわけである。その翌日から接したマスコミの世界はアカデミズムのそれに勝るとも劣らぬ穢《きたな》いものであった。おおよそは承知していたのだが、私の推測を何割か上回る穢さであった。したがって、この二年間、私はマスコミとも喧嘩し続けなければならなかった。

私が喧嘩したとて事態が改善されるものではないのであるから、高見の見物を決め込むという途もあったのである。しかし、アカデミズムのであれマスコミのであれ、八〇年代の後半に日本の言論界を襲った腐敗状況は稀にみる広さと深さに達するであろうという予感が私にはあり、そういう稀な状況から逃げてしまうと、それ以後の自分の言葉に切実味が籠《こも》らないのではないかと私は懸念した。またその懸念に応じて自己流のコミットメントへと走るのは私の体質のようなものであるから、あれこれの喧嘩めいた所業を続けたのも私としては致し方ないことなのであった。

喧嘩のほかにもいろいろ考えたり書いたりしてはいたものの、振り返れば、喧嘩に彩《いろど》られた三年間ではあったというほかない。いくら売られた喧嘩といっても、これはやはり恥ずかしいことであって、ありていにいえば、こんな年月は二度と過ごしたくないものである。私に喧嘩を売るようなことはもうよしてくれと切に願う次第である。

正直に告白しておくと、本書は語り下ろしの速記録に手を入れたものである。そういう企画を私に持ち込んでくれたのは新野哲也《にいのてつや》氏なのだが、氏には私の話し相手にもなっていただき、それが本書の随所に生かされている。ついでにいうと、どうやら私以上に喧嘩というものに習熟しているらしい氏の口ぶりにも本書は影響を受けているかもしれない。光文社の編集部にはひとかたならぬお世話になった。諸氏に心から御礼申し上げる次第である。

平成二年四月一日

西部《にしべ》　邁《すすむ》

マスコミ亡国論 新装版にむけて

作家 新野哲也

「マスコミ亡国論」や「正気の保ち方」で、西部邁先生の気の利かない相方をつとめ、「発言者」の創刊にくわわったのち、疎遠になって、再び仲良くなれたのは、亡くなる数年前でした。

新宿のバー「風花」で遭遇して、ときおり、ニューボトルをプレゼントしてもらうのに恐縮すると「おれの酒がのめねーと?」と伝法《でんぼう》な口ぶりと人の良い笑顔をむけてくれて、そのときは、20年におよぶ空白がウソのように思えたものでした。

カウンターでギターを弾いていたら、娘の智子さんから笑顔で「父がご一緒に」と声がかかって、そのとき、西部先生、ギターにあわせてダンチョネ節を歌われましたね。

「マスコミ亡国論」や「発言者」創刊の打ち合わせなどでご自宅にお伺いした当時、智子さんはまだ学生で、賢く、率直で無邪気な話しぶりがたいそう魅力的でした。

「マスコミ亡国論」は、発行が平成2年で、とりあげられている出来事や登場人物はすでに過去のものですが、事件やひとは、構造において、新旧、なにもかわるところがなく、われわれは、昨今、なにか新しいモノ、コトにとりくんでいるように思っているけれど、結局、過去と同じことをくり返しているだけだったかもしれません。

　読み返して、ぞくぞくするのは、事件や人物、さまざまな事象へ一人で切りこんでゆく勇ましいすがたで、ことばや物言いからヒロイズムの匂いが漂ってくるのは、60年安保闘争「全学連副委員長」のなにかをひきずっていたからだったでしょうか。

　当時の記憶はほとんど残っていませんが、西部先生の矛先が、マスコミ権力から大衆へむかっていったのは「衆愚論」の嚆矢《こうし》として当然のことで、副題の「日本はなぜ〝卑しい国〟になったのか」の日本は、マスコミ権力に従順すぎる日本人のことだったでしょう。

　報道（マスコミ）は権力行為で、大衆は、その権力に迎合、一体化することによって、みずからを権力化させ、マスコミ応援団となってゆく。

　権力を巡ってくりひろげられるメディアと大衆の共犯関係がマスコミ世論というもので、言論の自由というフレームのなかでどこまでも増長する「テレビの前の皆さま的正義」を、西部先生は、卑しい正義といったのでした。

　この正義は、社会的制裁というリンチの思想、他人の不幸は蜜の味という悪意や性悪さ、うさばらし、嫉妬や虚栄などを、陰に隠しているでしょう。

　そうでなければ、大衆の生活とはなんのかかわりもない政界や官界、芸能界のスキャンダルやプライバシー、不幸や失敗を、テレビがエンターテーメントに仕上げて、朝から晩まで、垂れ流すはずはないのです。

マスコミは、第四の権力という前に、すでに圧倒的な権力であって、これを大衆がわがものにすることによって、マスコミ大衆社会、マスコミ民主主義というべきものができあがりました。

マスコミ権力へ擦り寄った大衆が、個人としての感覚や知覚、意志や感情を放棄してむかったのが、憲法をひきあいにすれば国民主権にあたる、身も蓋もない画一化、没個性という絶望の荒野でした。

テレビがいっている、新聞が書いている、雑誌に載っている、それにわたしの考えが重なって、出現したのが、物質主義、文明主義、経済至上主義、進歩主義、生命主義などの画一的世界で、これらはすべて、西部先生が背をむけてこられたものでした。

「マスコミ亡国論」が撃とうとしたのは、権力としてのマスコミとメディアと大衆が合流したマスコミ世論の二つでした。

厄介なのは、マスコミ権力ではなく、ヌエのようなマスコミ世論だったのはいうまでもありません。

マスコミ世論について、西部先生は、まえがきで、こう記されています。

「自由・民主ということば、およびそれに付随する平和、平等、福祉、人権といった類のことばを遣って、コマース、センセーションそしてスキャンダルの成果を挙げるのがマスコミ世論の伝統である」

非の打ち所のないことばをつかって、商売や馬鹿騒ぎ、他人の粗探しに精を出すのがマスコミ世論というものなのでしょうが、もっとわるいことに、マスコミ世論は、大衆を不健全な、病的な方向へミスリードするのです。

この世は、幾千幾万の事象が不規則に羅列されたカオスで、なにがなんだかよくわからないけれど、直観的、状況的には、およそ見当がつき、見当が外れたところで、なんら実害はありません。

それどころか、われわれは、知らないことによって、多大な利益をえているのです。

われわれが、日頃、安心して生きてゆけるのは、無意識というクッションにつつまれているからで、カオスは、ことばや意識に捕捉され、切り刻まれる前の世界のすがたです。

カオスは、母胎の羊水のように、完全にして絶対、無条件の境地で、ひとの不幸は、母胎から地上へ産まれ落ちたときからはじまったという説があるほどです。

カオスのなかでは、すべてが不透明で、何事も薄っぺらにしか知りえませんが、生きてゆくには、それで十分だったでしょう。

そのカオスにことばが投げ込まれ、論理が立つと、他のすべてがかげろうのように視界の外に消えて、ことばや論理にもとづくそのことだけが、神経症のように、脳に深くつき刺さってきます。

連日連夜、森友・加計学園やセクハラ・パワハラ、暴言事件の報道にふれていると、テレビ事件の深層につうじていても、かけがえのない日常の出来事については鈍感という珍現象が生じかねません。

われわれが、汎《ひろ》く世界に目配りができ、安心して生きてゆけるのは、真実を知らないからで、知らなくても良い真実など知る必要はすこしもないのです。

ことばが世界をつくったというのは真実でしょう。

ことばがカオスという無意識の壁を破壊して、美しくてゆたかな直観世界を偏頗《へんぱ》なことばの世界、窮屈な論理の世界につくりかえたのです。

死も絶望もことばで、無意識という羊水を破って、不気味なすがたをあらわします。

生きんとする意志は、飢えや乾き、痛みや寒さなどの苦痛から逃げんとする意志でもあって、肉体の苦痛とひきかえに、遮二無二生きることを強制されるこの世は、生きるほかに選択肢があたえられない生き地獄にほかなりません。

飢えて死ぬ動物は、苦しむためだけに生まれてきたのです。

コヘレトのことば（旧約聖書）にこうあります。

死んだ人を、幸いと言おう。

生きていかなければならない人よりは幸いだ。

いや、その両者よりも幸福なのは、生まれて来なかった者だ。

小生がモノを考え、書いてきたのは、安心へ近づこうという足掻きで、それでも、安心が遠のいてゆくのが、恨めしく、夜、酒をのむのです。

つきつめて考えると、最後には、希望や救いのないところへでてしまいます。

だから途中から引き返すわけで、ロシュフーコーではありませんが、太陽も死も直視できないのです。

思想の深さが、自死へとゆきつくのは、生が無思想、無分別にささえられているからで、生きるのに夢中な者は、この世が生き地獄であること、生まれてこない仕合わせが存在したことに永遠に気づきません。

安置所での最後のお別れに立ち会った「風花」のママ（滝沢さん）によると、声をかけたら目をあけてくれそうなおだやかな死に顔だったといいます。

店に西部先生の写真が飾られ、献杯用の小さな棚がつくられていました。

手を合わせたあと、最近、撮ったというスナップ写真に目をやりました。

自裁死の準備をすべて終えた、罪のない赤ちゃんのような表情でした。

ようやく、安心にたどりついたのでしょうか。

二〇一八年五月

西部 邁（にしべ　すすむ）

1939年北海道生まれ。思想家、評論家。東京大学大学院経済学研究科修士課程修了。横浜国立大学助教授、東京大学教授などを歴任。東京大学教授を1988年に辞任。執筆活動のほかテレビなどでも活躍。2017年10月まで雑誌『表現者』顧問を務める。著書に『ソシオ・エコノミックス』（イプシロン出版企画）、『経済倫理学序説』（中公文庫、吉野作造賞）、『大衆への反逆』（文春学藝ライブラリー）、『生まじめな戯れ』（ちくま文庫、サントリー学芸賞）、『サンチョ・キホーテの旅』（新潮社、芸術選奨文部科学大臣賞）、『ファシスタたらんとした者』（中央公論新社）、『保守の遺言』（平凡社）など多数。2018年1月21日に逝去。享年78歳。

この作品は1990年4月、光文社より刊行の書籍を新装、新書化したものです。

マスコミ亡国論

二〇一八年六月三日　第一刷発行
二〇一八年七月二日　第二刷発行

著者　西部邁

編集人
発行人　阿蘇品蔵

発行所　株式会社青志社
〒一〇七-〇〇五二　東京都港区赤坂六-二-十四　レオ赤坂ビル四階
（編集・営業）
TEL：〇三-五五七四-八五一一　FAX：〇三-五五七四-八五一二
http://www.seishisha.co.jp/

印刷
製本　慶昌堂印刷株式会社

ISBN 978-4-86590-064-4 C0095